自閉スペクトラム症のある子の
「できる」をかなえる!

構造化のための支援ツール

集団編

環境・時間・活動の
見える化アイデア**36**

佐々木敏幸・縄岡好晴　著

明治図書

推薦の言葉

　私がはじめて佐々木先生にお会いしたのは，東京都教育委員会による「知的障害特別支援学校における自閉症教育の充実事業」において，都立港特別支援学校のコンサルテーションにおうかがいしたときでした。

　研究担当の先生から各教室を案内され，佐々木先生の教室を訪問したときに，作成された支援教材の多さに驚かされました。後で美大出身だとおうかがいし，「なるほど」と納得したのを記憶しています。

　あるとき，コンサルテーションを行う中で，言葉によるコミュニケーションが困難な一人の自閉スペクトラム症（以下 ASD）の子どもがいました。彼はのどが渇いたときにお茶を飲みたいことを伝えたいのですが，うまく伝えることができませんでした。教室の壁にやかんの絵が描かれたカードが貼られていたのですが，そのカードをうまく使えることができませんでした。なぜ使えないのかを検討した結果，自分の机から離れたところに貼られているからではないかと考え，その子どもの机の上に絵カードを置くようにしたところ，お茶を飲みたいときに，その「やかんの絵カード」を佐々木先生に渡すことができるようになりました。

　このときに，佐々木先生と私の気持ちが通じ合えたような気がしました。

　その後，佐々木先生は本格的に ASD 児者の教育について勉強をされるべく早稲田大学大学院に内地留学され，ノースカロライナ TEACCH Autism Program ツアーにも参加されて，熱心に構造化の勉強をされました。

　本書ではそのような長年の実践経過を踏まえ，臨床の現場で生じた様々な問題を解決されている様子がわかりやすく説明されています。

　ドアノブ拭きと雑巾の違いや，音を遮断するためのテニスボールの使用などは，まさに現場の臨場感が伝わってきます。

　とりわけ，バスの乗降者確認 Book は，やることがない（わからない）ときに問題行動が生じやすい ASD の子どもの特徴を見事にとらえ，素晴らしい教材となっています。

本シリーズは，個別編と集団編に分かれていますが，いずれも構造化の実践における説明の後に，具体的写真が提示されているため，簡潔でわかりやすい流れになっています。

　一つひとつの事例が，まるで実際に ASD の子どもとかかわっているような臨場感があり，単にわかりやすいだけではなく，専門的知識がいたるところにちりばめられており，初心者からベテランの先生方にまで参考になるものと思います。

　本シリーズは，知的障害を伴う ASD の子どもの構造化による指導の基本的実践マニュアルとして，極めて参考になる良書だと考えます。私自身，本書を読みながら現場で使える構造化の考え方を再度勉強しなおすことができました。

　研究意識の高い臨床家としての佐々木先生の今後の実践がさらに楽しみになってきました。

早稲田大学教授

梅永　雄二

はじめに

　子どもは，教室にいる教師の何を見て「信じよう」と思うのでしょうか。

　言葉で表現するのが難しく，コミュニケーション手段が乏しい子どもであれば，何をよりどころとして支援者に「委ねよう」と感じるのでしょうか。

　私は，教師という生業の中で，いつの日からか「信用」や「信頼」という言葉を多くの場面で使うようになりました。

　自閉スペクトラム症（本書では以下，「ASD」と表記します）のあるなしにかかわらず，人は信用や信頼があるからこそ，安心が得られ不安を解消することができるのだと思います。

　構造化は，「一人称」で成立するものではありません。

　当然ですが，対話する対象を見つめることから開始します。

　それは，アセスメントや記録などの客観的な観点を大事にすることと共に，成長を信じて共に伴走しようと向き合う「二人称」としての視点です。

　つまり，単に子どもの行動を変えようとするのではなく，子どもとの関わりを通じて支援者自身も学び，成長していく「過程」を大切にすることだと考えています。

　ASD の子どもと，構造化のアイデアを介してつながる。

　言葉に代え難い「対話」は，ささやかな営みの積み重ねであったとしても，信用や信頼へと結びついていくはずです。

　本書では，「集団への視点」も含んだ構造化について紹介します。

　昨今，医療や福祉などの領域から，時に厳しい目を向けられることもあるのが特別支援教育の場「学校」です。重く受け止める必要があると思います。

　ただ，教室は研究室でも個別の療育の場でもありません。

　我々教師は，厳しい現実が待ち受ける社会へ多くの子どもたちを送り出してきました。実社会で生き抜く力を育むためには，個に特化した視点の他に，

集団における個の「ふるまい」を具体的に支援する手立てが不可欠です。

　学校が担う役割の1つは，困難やつまずきを解消できるための「合理的配慮」を明確にすることです。それは，個だけに留まらず，集団の中にあっても配慮の方法を明確にし，それら支援をもって卒業後の地域生活へと一人一人を送り出していく必要があるということだと思います。

　「支援と共に生きていく」ための力を育む。

　合理的配慮とは，構造化に他なりません。構造化は，学校の外とのよりよい連携や一貫性のある支援を構築するための手段にもなりえると考えます。

　本書では，読者の皆さんに実践現場で参考にしていただきやすいように，次のようなページ構成にしました。

- つまずきをひもとく（子どもが抱える課題への気づき）
- 具体的設定と変化（具体的な場面）
- 画像（教育的支援の解説）
- 大切にしたい視点（具体的な手立て）
- 何のための構造化!?（ねらい）

そして，巻末には「作り方」をまとめてみました。

　本書に示した事例は，対象とした子どものために実践した方法であり，汎用的に用いるものではないかもしれません。

　しかし，具体的な実践事例を知ることによって，読者それぞれの現場で生活する，困っている子どもたちの支援に役立てられるものと考えています。

　目の前の一人は，決して一人だけではなく，その向こうにある社会へつながっています。共に「子どもから学ぶ」視点を大切に実践していきましょう。

著者を代表して——

佐々木 敏幸

支援ツールに活かせる身近な素材
丈夫で安全な支援ツールを効率よく作るために

お金, 時間, 技能… 「ない」ことを根拠に, できない理由探しに陥りがちになってはいませんか。構造化は, 身近な物を工夫して作るのが基本です。

POINT 段ボールを恒久的に使える素材 「基礎段ボール」に変える

「無料」で手に入る段ボールは, 安全かつ簡単に環境づくりができる素材として欠かせません。不要になったら廃棄できることも大きな利点です。ただし, 子どもたちのニーズへ的確に配慮するためにひと工夫が必要です。

「基礎段ボール」の作り方

❶付着したテープやラベル類を全て剥がし, のりしろ部分 (接着箇所) をカッターナイフで切り離して, 箱の形状から展開する。

❷商品名などが印刷された面の半分へ木工用ボンドを均一につける。

❸商品名がある外側だった面同士で接着する。机や椅子などの重しをのせ, 全体へ均一に圧力がかかるようにして置き, 一晩乾燥させる。

❹翌日, 重しを外し「基礎段ボール」完成。二重で強度が増し, 厚みがあるため切り口に接着剤をつけて成形することができる (のりしろは必要なし)。

「プラダン」は短時間で丈夫に作れる

　プラダン（プラスチックダンボール）とは，紙ダンボールと同じ形状をしたポリプロピレン製の中空ボードです。ホームセンターなどで，安価で手に入ります。柔軟な素材で安全性に優れ，軽くて丈夫で再利用可能な素材でもあります。色が豊富で加工も簡単なため，支援ツールの素材として最適です。接着のコツは，十分に熱したグルーガンを使うことです。温度が下がれば，すぐに活用可能です。

汎用性の高い「ポリプロピレン素材」

　一般に PP と呼ばれるプラスチック素材の1つです。本書では「PP 素材」と呼び，ファイルなどの学校現場によくある PP 製品を活用したツールなどの開発について紹介します。

「木材」で制作すれば間違いない！

　多少のコストや手間はかかりますが，丈夫で温もりのある最良の素材です。永続的に活用するツールに適しています。鋸(のこぎり)で切断する技術が必要ですが，ホームセンターでミリ単位までカットしてもらうことも可能です。よって，用途に合わせて材を選び，好みのサイズに加工できれば，接着と塗装だけで，簡単に頑丈なツールが作れます。木工技術があれば，子どもたちの一人へ的確に対応できる素材といえます。

支援ツール制作に役立つ基礎用具
基本的な道具・材料があれば，簡単に楽しく制作できる！

道具・材料さえあれば，仕上がりの良い教材・教具をたやすく自作できるようになります。少しの予算で，簡単・便利な用具類を揃えてみましょう。

接着する・くっつける

- ❶木工用ボンド（速乾性等）
- ❷各種接着剤
- ❸グルーガン（ホットボンド）
- ❹面ファスナー（粘着付）
- ❺ステンレス板（粘着付）
- ❻マグネットシート（粘着付）
- ❼ビニールテープ
- ❽両面テープ
- ❾セロハンテープ

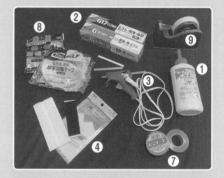

塗装する・彩色する

- ❶アクリル絵具（ガッシュ）
- ❷ジェッソ（下地用絵具）
- ❸折り紙／色紙
- ❹スプレー
- ❺マスキングテープ

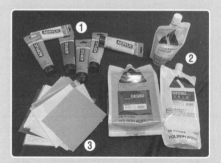

測る

- ❶各種定規・三角定規
- ❷コンベックス（巻き尺）
- ❸スコヤ（直角および45°用）
- ❹さしがね

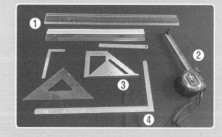

✧ 保護する・覆う

❶ラミネーター
❷水性透明ニス（合成樹脂系）

✂ 切る・切断する

❶カッターナイフ
❷ハサミ
❸鋸（のこぎり）
❹糸鋸盤（いとのこばん）
❺アクリルカッター

🔧 組み立てる・仕上げる

❶（電動）インパクトドライバー
❷（電動）オービタルサンダー
❸ヤスリ・サンドペーパー

🔧 その他

❶コーススレット（ネジ各種）
❷クランプ
❸カッティングマット
❹刷毛・筆
❺クリアフォルダー（PP素材）
❻テプラ（ラベルライター）
❼各種ペンチ
❽各種ドライバー（ビット）
　及びドリルビット
❾モンキーレンチ
❿スクレーパー
⓫面とりカンナ

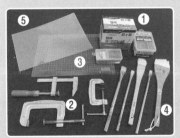

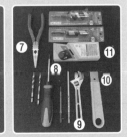

もくじ

第1章　構造化の利点とポイント

第2章　構造化のための支援ツール

第3章　支援ツールの作り方

第1章

構造化の利点とポイント

集団生活の場で構造化を活かすためには

　家庭でも，学校でも，施設などの日中・夜間の生活場面でも，職場でも，人はどのライフステージにあっても，一定の集団の中で過ごし，たとえ独居であっても，人は一定の人との関わりの中で生活しています。ASD のある人は，他者との相互交渉が不得手であるという特性があり，またこだわりや感覚の偏りなどの特性の影響により，集団の場では困難を抱えることが多くあります。他者との相互交渉や集団での過ごし方に影響する種々の特性に配慮しながら，個々に合った集団での過ごし方や相互交渉の手段を，発達段階を踏まえて身につけていくことは，子どもの今と未来の生活や楽しみの幅を広げるためにも，重要な視点です。

　学校生活という集団場面は，個々に最適化した環境設定の中で個のスキルを伸ばすと同時に，その子どもに合った集団の場での過ごし方や，相互交渉の工夫を見出し，身につけられる場でもあります。

　もちろん，特に ASD のある子どもにとっては，集団という場は様々なデメリットもあります。そのデメリットを最小化し，メリットを活かすためにも，構造化という考え方は役に立ちます。いくつかの切り口に分けて見ていきましょう。

🔑 教室内のエリア設定

　小中学校の特別支援学級や特別支援学校の各学級では，教室内をいくつかのエリアに区切り，各エリアでの活動を限定するという方法をとることが多くあるでしょう。着替えのエリア，集団での集まりの場，個別の学習エリア，休憩のエリア，スケジュールを確認するエリア，…といった形です。これは

物理的構造化（環境の構造化）です。各エリアで行う活動を限定することで，わかりやすさを高める工夫です。どのようなエリアが必要かは，学校全体の構造（ランチルームや更衣室が教室と独立してあるかなど），個々の子どもの特性や発達段階，個々の子どもや学校・学年での教育目標などによって変わってくるでしょう。

　このエリア分けにおいては，まず，学級の子どもの動線を考えてエリアの配置を考える必要があります。1日の活動の流れと，変えられない教室の構造を踏まえて，無駄な動きをせずに効率的に動けるようエリアを配置することで，子どもにとって移動の負担を下げ，逸脱を予防することができるでしょう。例えば，子どもがスケジュールを確認するトランジッションエリアと呼ばれるようなエリアを設定した場合，子どもは各活動が終わるごとにそこに行き，次のエリアに移ることになります。時にはトイレや校庭，ランチルームなどに移動することもあります。それを考えると，トランジッションエリアは，教室内の各エリアに移動しやすく，かつ教室の出入り口に近いところに設定するとよいでしょう。

　さらに実際的なところでは，子どもの特性と教室の構造を踏まえてエリアの配置をしていくことになるでしょう。活動や課題に集中するために，邪魔になる刺激を減らすことが必要となる子どもが在籍している場合，教室の何もないフラットな壁がある部分は活かしがいのある貴重なスペースです。動線も踏まえ，より集中を必要とする活動エリアを，刺激を減らしやすいスペースに配置していく必要があります。多くの場合，教室の既存の「何もないフラットな壁」は足りないので，本書に例示されているように，パーティションやカーテンや布を活用し，刺激を調整していくことになるでしょう。

🔑 全員にとってのわかりやすさ

　分けたエリアのうち，共有部そのものや共有部にある共有物は，すべての子どもにとってわかりやすく，使いやすくする必要があります。

まず，エリアの区切り方です。エリアの区切り方や範囲を伝える方法は，パーティションや家具などで物理的に区切る方法，テープやマットで範囲や境界を示す方法などがあります。エリアの配置状況や各エリアの活動内容，子どもの理解のしやすさに合わせて，調整できるとよいでしょう。

　次に，情報伝達の手段，つまり，視覚的構造化の方略は，全ての子どもがわかるものである必要があります。ごく単純な例でいえば，文字の理解がある子どもと写真で理解できる子どもがいる場合，共有部のすべての子ども向けの視覚的指示の手段は，写真にするか，文字と写真を併用することが考えられるでしょう。注目すべき刺激を目立つ色で明瞭化すべき子どもがいれば，すべての子どもに理解してほしい情報提示においても，色での明瞭化を取り入れる必要があります。

　そして，刺激の統制に関しても，一番配慮を要する子どもに合わせる必要があります。必要な情報として提示すべきものに対し，隠した方がよい刺激を調整します。パーティションの活用やその高さの調整，カーテンや布の活用によって調整することで，情報量の調整を図ることができます。

　その他には，掃除道具などの共有物の管理における操作方法も，全ての子どもにとってやりやすいものである必要があります。例えば，紐をフックにかけてタワシをしまう方式をとると，片づけができなくなる子どもがいるのであれば，ラックに置くというすべての子どもがエラーなく自立して片づけができる方式をとれるとよいでしょう。

　以上のような工夫により，個別化された課題・活動内だけではなく，共用部での活動においても，教室の子どもみんなが自立的に活動できるようにサポートできることが望ましい取り組みであると思います。

🔑 子どもと子どもの相互作用の調整

　子ども間の相互作用は，集団のメリット・デメリットの一番コアな部分です。子ども間の特性や行動傾向がぶつかり合ってしまうと，デメリットが生

じます。例えば，聴覚過敏のある子どもの隣に，大きな声を出しやすい子どもがいたら，お互いにとってつらい状況になるのは必至です。お互いが刺激になりがちな子どもの席や活動の場の配置，動線は，なるべく近接することがないよう調整できるとよいでしょう。配置の工夫やパーティションなどの活用により物理的に離したり刺激を減らしたりする方法と，スケジュールの調整によって，時間的に離す（ずらす）方法が考えられるでしょう。

　一方で，ASD のある子ども同士のポジティブな相互交渉は，自然には生まれづらいですが，教室内での役割分担や共同作業，ゲームなどの複数人での余暇活動を構造化することで，機会をつくり，成功体験を重ねることが可能になります。構造化によってサポートする内容は，教師から子どもへの情報伝達，活動への従事，子どもから教師への発信に焦点を当てられることが多く，子ども間の相互作用に関する構造化について触れられている資料は多くはありません。ASD のある人は，人との関わりは苦手でも，嫌いではなくむしろ望んでいるのに上手くできずに苦しんでいる人もいます。個々の特性に配慮しながら，同世代とのポジティブな関わりの経験をすることは，学校だからこそ実現できるものかもしれません。本書では，教室内の役割分担の調整やその提示方法，様々な発達段階にある，また特性のある子どもが，一緒に楽しめるゲームやその実施の際の構造化の方法などを紹介しています。

🔑 個別的な構造化の設定と集団の設定の流れ

　基本的には，まず集団のエリア設定などを考え，その上で個別の設定を考えていくという流れをとることが多いでしょう。激しい行動上の課題がある子どもがクラスにいて，現段階では他の子どもと動線が一切交わらないように設定する必要がある場合などは，その子どもの構造化についてまず考えた上で，他の子どもの集団について考える，という流れになることも例外的にあるでしょう。

いずれにせよ，構造化は一度行えば終わりというものではなく，子どもの変化に合わせて，その都度調整を加えていく（再構造化する）ものです。個別の視点と集団の視点は相互に影響をし合うもので，個々の子どもの変化により個別的な調整が必要になれば，それに応じて集団の設定を変える必要が出てくることもあります。アセスメント→計画→実行→記録→見直し…という流れを繰り返して，その時々の個々の子どもと集団にとってよりよいあり方を，常にアップデートしていくことが大切です。

🔑 子どもに役立つ構造化へ

　学校は集団生活の場です。「個々の子どもに合わせた配慮は，集団の場ではやりきれない」という現場の御意見をうかがうこともあります。しかしながら，構造化は，集団生活の場だからこそ，子どもにとって，さらには教師にとっても必要なものであり，集団のメリットを活かすこともできるものです。

　この本が読者にとって，それを理解し，子どもに役立つ構造化を実践するための効果的な「視覚的指示」として機能することができたらうれしいです。

02 構造化の具体的な手立てとは

　構造化とは,「環境を整えること」とも先に述べましたが,具体的には何をどのように整えることなのでしょうか。ノースカロライナ大学で開発された「TEACCH Autism Program」では,何を整えるのか,ということに関して,①物理的な構造化(環境の構造化),②時間の構造化,③活動の構造化という3つの切り口が提唱されています。そして,どのように整えるのかということに関しては,④視覚的構造化という言葉で説明されています。

🔑 物理的な構造化(環境の構造化)

　例えば,海外で自分と共通の言語をもたないガイドがアテンドするツアーに参加したとします。今何をするときなのかを理解するために,一番わかりやすい手がかりはなんでしょうか。それは「場所」ではないでしょうか。例えば,バスに乗っている間は,「移動時間」だなとわかりますね。また,目的地とは思えない場所で降ろされたとき,近くの建物に入ったら,トイレと思しき設備がある。「あ,これはトイレ休憩かな」とわかりますね。一方で,日本の大きなサービスエリアのように,食事をするところも,買い物をするところも,トイレもあるような複合施設で降ろされたら,トイレ休憩かな?食事も済ませた方がいいのかな?と迷ってしまいますね。場所と活動が1対1で対応していると,場所が強力な手がかりになり,何をするのかがわかりやすくなるのです。

　教室の中でこの観点を取り入れるには,どのような方法が考えられるでしょうか。教室内をエリア分けし,1つ1つのエリアで行うことを限定する,ということがよく行われます。一人で勉強や作業を行うエリア,集団活動を

するエリア，休憩をするエリア…といったように，ついたてや棚，マットやテープなどで教室内を区切り，各エリアでの活動を限定することで，子どもにとってのわかりやすさを高めることができます。これが，「物理的な構造化」（環境の構造化）です。

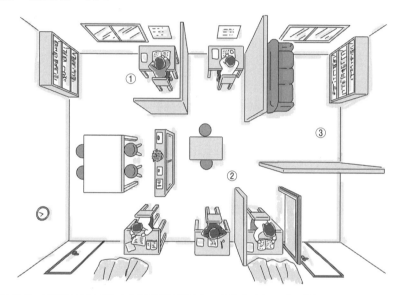

①壁に向かって座ることで多くの刺激が遮断され，より集中しやすい状況になります。
②二人の間にパーティションを設定することによって隣の人の動きが気にならず集中できます。
③ソファとパーティションを使用することで休憩エリアが明確となります。

物理的構造化（環境の構造化）

🔑 時間の構造化

　「物理的な構造化」（環境の構造化）によって，各エリアに誘導されれば，「何をするのか」が大まかに理解できるかもしれません。でも，それだけではエリアをまたいだ1日の流れを理解することは難しく，エリアの移動を自立的に行うことも困難です。そこで必要なのが「時間の構造化」です。スケジュールともいわれ，「いつ」何をするのかを個々の子どもにとってわかりやす

いように，個別的に伝えるものです。物理的な構造化（環境の構造化）がなされている教室であれば，主に「いつどこへ行くか」を示します。例えば，集団活動エリアと個別学習エリアが分かれている教室で，ひらがながわかる子どもに対して，「朝の会→個別学習」という流れを伝えるのに，「あつまり」と「べんきょう」と書かれたカードを上から順番に貼って示します。集団エリアには，「あつまり」カードを入れるケースが用意されていて，子どもはまずスケジュールの「あつまり」カードを手にとって，集団エリアへ移動し，ケースにカードを入れます。「朝の会」に参加し，終わったら，またスケジュールに戻り，「べんきょう」のカードを手にして個別学習エリアへ移動します。これにより，子どもは複数の活動をどのような順番で行うのかを理解しやすくなり，エリアの移動も自立的に行えるようになります。この時間の構造化，スケジュールは，個々の子どもの「わかりやすさ」「操作しやすさ」を軸に，その形式や長さを調整する必要があります。

🔑 活動の構造化

　活動の構造化は，「ワークシステム」「アクティビティシステム」などと呼ばれることもあります。物理的な構造化によって，各エリアで何をするのかを大まかに伝えることはできますが，例えば活動の量などの細かな点を伝えることはできません。活動の構造化は，「何をするのか」「どのくらいの量を行うのか」，「どうなったら終わりか」，「終わったらどうするのか」といった要素を個々の子どもにわかりやすく伝えるものです。具体的な活動の構造化の方法は多岐に渡ります。例えば，一人でタオル畳みの作業を行う場面では，机の左端に畳んでいないタオルが複数入ったカゴを置き，右側に畳んだタオルが1つ入ったカゴを置いておくことで，左側のタオルを1つ取って畳み，右のカゴに入れる，左のカゴのタオルがなくなったら終わり，といった活動の流れを伝えます。ここでも，一人一人の子どもの「わかりやすさ」に応じて，方法を調整することが重要です。

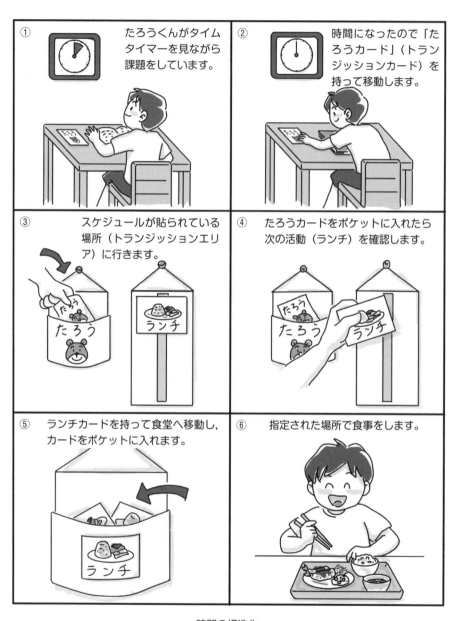

① たろうくんがタイムタイマーを見ながら課題をしています。

② 時間になったので「たろうカード」（トランジッションカード）を持って移動します。

③ スケジュールが貼られている場所（トランジッションエリア）に行きます。

④ たろうカードをポケットに入れたら次の活動（ランチ）を確認します。

⑤ ランチカードを持って食堂へ移動し，カードをポケットに入れます。

⑥ 指定された場所で食事をします。

時間の構造化

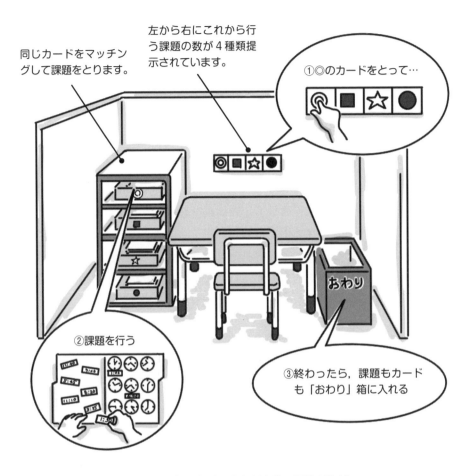

同じカードをマッチングして課題をとります。

左から右にこれから行う課題の数が4種類提示されています。

①◎のカードをとって…

②課題を行う

③終わったら，課題もカードも「おわり」箱に入れる

おわり

活動の構造化（一人で取り組む際の課題の設定）

🔑 視覚的構造化

「視覚的構造化」は，前述の通り，ここまでに挙げた3つの構造化において活用する視点です。ASDのある子どもは，視覚的な刺激の理解に長けていることが多いことも踏まえ，各構造化を行う際には，個々の子どもが「見ただけでわかる」ように環境調整を行います。この視覚的構造化には，「視覚的指示」「視覚的組織化」「視覚的明瞭化」という3つの要素が含まれます。

ボールペンを組み立てる作業で考えてみましょう。「視覚的指示」は，文字通り指示を視覚化することです。例えば，組み立ての1つ1つの工程を写真に撮り，それを順番に貼って示すことが「視覚的指示」です。「視覚的組織化」は，使うものをわかりやすく整理して配置することでわかりやすさを高めることです。ボールペンの部品は小さく，例えば，1つのカゴに複数の部品が混ざった状態で入っていると，作業をスムーズに進めることは難しくなるでしょう。そこで，例えば部品を種類ごとに分けて使う順番に並べ置くことが，「視覚的組織化」に当たります。最後は，「視覚的明瞭化」です。赤と黒の2種類のボールペンの組み立てをして，完成品を色ごとに分けて入れてもらいたいときに，完成品を入れる場所のミスが目立ったとします。対策として，例えば完成品を入れるカゴの縁にそれぞれの色のテープを貼ると，色に注目しやすくなり，ミスを予防できるかもしれません。このように，特に重要な情報を視覚的に強調し目立たせることが「視覚的明瞭化」です。

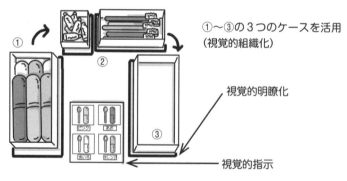

①～③の3つのケースを活用
（視覚的組織化）

視覚的明瞭化

③

視覚的指示

視覚的構造化（自立課題より）

課題：携帯用の歯ブラシセットの組み立てによる自立課題
●視覚的指示：文字及び写真による指示書で何を作るのかを具体的に示します。
●視覚的組織化：3つのケースを活用し，左から右の流れで活動を行い，最後に右のケースに完成品を入れます。
●視覚的明瞭化：場所の位置関係を示した枠線（ジグ）を活用し，3つのケースを置く位置を明確に示しています。

第2章

構造化の ための 支援ツール

01 活動に集中できる
段ボールのパーティション

こんなときに……… 目的と用途に合わせてオーダーメイドしたいとき

▶▶▶ 作り方　p.104

📝 つまずきをひもとく

　日常の学習場面で，目的をもって活動していたはずが，気づいたら別のことへ注目してしまったり，意識が他に向いて集中が途切れてしまったりして，次第に行動が不安定になってしまう子どもがいました。

　ASD の人は，全体的な状況を把握することが苦手な反面，部分に着目しやすい傾向が強く，それを「シングルフォーカス」と表現することがあります。したがって，視覚的な刺激を軽減し，目的とする活動へ向かいやすいように環境を調整する必要があります。集団生活での個別の配慮には限界もありますが，軽くて簡単に活用できるパーティションがあると便利です。

🌱 具体的設定と変化

　段ボールでパーティションをオーダーメイドします。

　衝動性が高く，戸棚などに置いてある興味ある物が視界に入ると，すぐに触りに行こうとする子どもがいました。毎回，教師からの制止や注意する関わり方では，日常の好ましい関係づくりになりません。よって，視覚的な刺激を遮断したり，動線を整えたりできるパーティションを制作しました。

　設置すると，戸棚を開けても物は見えないため，子どもの衝動的な行動は減少しました。また，個別の学習エリアにも設置しました。座ると周囲の視界が遮られる高さのため，他の子どもの動きも視界に入らず，集中して自立課題へ取り組める学習環境が整いました。

↑座位で視界が遮られる高さ。
←戸棚のサイズに合わせて設置。必要に応じて可動させる。

大切にしたい視点

- 段ボールの無地面で，スタイリッシュに仕上げる。
- 反ったり傾いたりしないように，安定感がある構造にする。
- 壊れても常に修復して破損状態で用いないように管理する。

何のための構造化⁉

- 個々の特性に応じ，用途に合わせて環境を設定するため
- 視覚的に不要な刺激を遮断し，活動の集中力を高めるため
- 集団の場面でも個に応じた柔軟な設定ができるため

物理的
時間
活動

02 見てエリアを理解できる
床へ線で示す枠組み

こんなときに……… エリアを視覚的に明確にしたいとき

つまずきをひもとく

　入ってはいけない場所や出てはいけない位置など，言葉で伝えられても理解できず注意ばかりされている子どもがいました。教卓の引き出しを開けようとしたり，教室から出て行こうとしたりする行動を繰り返していました。

　ASD の子どもにとって，見えないものの意味はわかりづらい場合があります。わからないのに，「入らないで」や「出て行かないで」など，修正や禁止の働きかけが続けば信頼関係を築くことは難しくなります。よって，場所を明確に分け，エリアの意味を視覚的かつ具体的に示すことで，子どもの理解を助け，自己調整しながら生活できるように環境整備を行います。

具体的設定と変化

　色彩が鮮やかなビニールテープを用います。色は，視覚的に理解しやすい手がかりになるため，床の色と明確に識別できる色を選んで用います。また，禁止エリアは赤にするなど，色に意味をもたせることで注意喚起できます。視覚的にルールを示せば，ネガティブな介入を減らすことができます。

　欲しいものを得たくて，衝動的に行動してしまう子どもがいました。教卓の中にある物を取り出そうとすることもあったため，床にテープを貼り，入ってよいところとダメな場所を線で分けて示しました。すると，身体を制止までしていた対応が，線の指差しだけで理解し，行動を修正できるようになりました。見て確認することで，折り合いをつけられるようになりました。

休憩場所にも白いテープで
枠を示すことで，安心して
休憩ができる。

赤いテープ

禁止のエリアは赤テープで明示する。

白いテープ

大切にしたい視点

- 目的や機能ごとに教室のエリアを分け，「見える化」する。
- テープの剥がれや欠損など，エラーを作らずピッタリに貼る。
- 禁止や危険の場所は赤や黄を用いるなど，色にも意味をもたせる。

何のための構造化!?

- 入ってよい場所，いけない場所を視覚的に理解できるため
- ルールを知ることで折り合いをつけられるようになるため
- 禁止の指示など，ネガティブな関わりの場面を減らすため

物理的

時間

活動

03 安定して生活できる
窓にカーテン・鏡にシーツ

こんなときに… 環境からの刺激を統制したいとき

つまずきをひもとく

　人の視線は，自然に動いているものへ向きがちになります。窓外で風を受けて動く木々や道ゆく車，鏡に映り込んだ人影など，教室は様々なものへ注目しやすい環境です。視覚的な情報を手がかりに生活していることが多いASDの子どもにとって，この状況が目的へ注目したり必要な情報を選別したりすることを難しくさせていることがあります。また，それが過剰な刺激であれば，集中を乱したり混乱を招いたりする要因にもなりかねません。

　したがって，環境にある視覚的な刺激を調整するため，窓や鏡を管理するという視点をもつことが大切です。

具体的設定と変化

　影響を受けやすい子どもがいる場合，窓にはカーテンを閉めることを基本にします。また，鏡には布をかけます。色柄や模様には注目しやすいため，無地のシーツなどで鏡のある壁面全体をシンプルな面にし，身支度など必要な場面でめくって使えるようにしておきます。その他の場面でも，窓や鏡を指導の際の背景にせず，常に視覚的な刺激に注意をはらいます。

　ある日，国語の担当教師から，子どもが授業へ集中できないと相談がありました。学級では問題ありません。参観に行くと，子どもは窓外ばかり気にしています。高架を通る，新幹線のドクターイエローを待っていたのです。休憩後はカーテンを閉める約束にすると，集中できるようになりました。

視覚的な刺激に影響を受けやすい子どもがいる場合，カーテンは必要なとき以外は閉めておく。

シーツの上部だけ壁に留めておき，必要なときはめくってクリップでとめて使う。

🔍 大切にしたい視点

- 教室で最も配慮が必要な子どもへ基準を合わせる。
- 視覚的な刺激を管理するという視点をもつ。
- 子どもが必要に応じて使えるような機能にする。

💡 何のための構造化!?

- 視覚的な刺激から過剰に影響を受けないように配慮するため
- 目的とする活動へ集中できるようにするため

物理的
時間
活動

04 使ったものを正しく戻せる
スポンジ・タワシ収納

こんなときに… 水回りを合理的に環境設定したいとき

▶▶▶ 作り方　p.105

つまずきをひもとく

　現場実習で，調理場の洗い場担当になる予定の子どもがいました。子どもと相談し，「流し掃除係」を新設して練習を兼ねて毎朝３分間の取り組みにしました。翌日から，実習場面を想定して一生懸命取り組む姿がありました。しかし，毎回スポンジやタワシがシンクに落ちていたり，ハンドソープが様々な場所に置いてあったりしています。衛生的ともいえません。

　スポンジなどは，シンク上部の段差に置いてほしいと伝えました。しかし，子どもはその段差のどこへどのように置くべきか，わからなかったのです。よって，視覚的に確認し，自分で管理できる環境設定が必要です。

具体的設定と変化

　スポンジとタワシを収納するツールを作ります。見ただけで物の位置を理解し，物に合わせて収納できるように工夫します。プラダンを用い，スポンジなどの形状に合わせた大きさでピッタリ収まるように作ります。水切りをよくするため，底面はつけません。また，目立つ色で細い枠組みを作り，テプラで物の名前を明示します。流し掃除係は，タイマーを操作する必要もあったため，シンクの近くの視界に入りやすい場所に固定しました。

　設置後，子どもは流し掃除を時間通りに済ませ，収納ツールの中へスポンジやタワシを迷わずに収納できるようになりました。係活動を自立して行えることで，教師からの指示や修正の言葉かけも必要なくなりました。

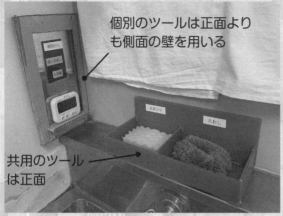

個別のツールは正面より
も側面の壁を用いる

共用のツール
は正面

液体石鹸は元に戻らな
いことが多いため，写
真の指示書をつけた。

写真

清掃係専用の指示書とタイマーを設置し，
操作する際に収納ツールと両方が視界入る
位置へ置く。動かないように壁に固定する。

大切にしたい視点

- シンプルで清潔に管理できることを条件に構造化する。
- 日々のルーティンの仕事であっても，必ず褒めて感謝の意を伝える。
- 自立した役割活動にエラーを起こさせない。

何のための構造化!?

- スポンジやタワシを正しい場所へ収納できるようにするため
- 成功体験を積み上げ，実習へ自信をもって挑めるようになるため

物理的 時間 活動

理解に応じて共用物を管理できる

掃除道具が帰る場所表示

こんなときに 掃除用具箱内の環境設定をしたいとき

▶▶▶ 作り方 p.106

つまずきをひもとく

　個々の能力に応じた役割で「掃除」ができるようになると，学級集団は落ち着いていきます。そのため，集団マネジメントの視点として大切にしています。清掃活動には，道具の扱いだけではなくルールや役割があるからです。

　掃除が終盤を迎え，それぞれ手洗いを始めた頃，最後の子どもが掃除箱の扉を閉められずに困っていました。中を見ると，先に片づけた用具が様々に放り込まれたままになっていました。収納方法がわからなかったためです。

　些細なエラーにも必ず原因があります。1つずつ「見える化」することで，個々が成功体験を積み重ねられる清掃活動にする必要があります。

具体的設定と変化

　掃除箱は，多様な収納を想定して汎用的に作られているため，目的によっては使いづらい場合があります。よって，用具の収納位置を具体的に示す必要があります。箒やモップなど，形状や用途ごとに掃除箱内を分類できるように，文字や写真などの手がかりを表示します。掃除機など，複雑な形状や収納に工夫が必要な用具には，写真などを用い具体的に示します。

　用具箱内の環境を整えると，「よく見てね！」の言葉かけだけで，子どもたちは正しく収納できるようになりました。また，役割が少なかった子どもへ「ちりとり」を渡すと，写真とのマッチングで収納できました。視覚的に理解できる設定は，集団における役割活動を広げることにもつながります。

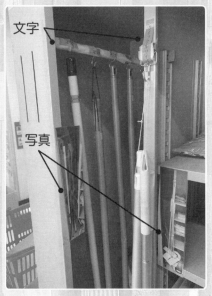

文字

写真

文字・写真で位置や方法を示す。

複雑な収納は写真を大きく貼る。

写真

大切にしたい視点

- 用具の位置を一目瞭然にする。
- 用いる子どもの理解に合わせた手がかりをつける。
- 可動式のフックなどはテープで固定し，エラーレスで収納しやすくする。
- 整理整頓し，視覚的な情報は精選する。

何のための構造化!?

- 見て確認して正しく収納できるようになるため
- 集団の中の役割を通じて成功体験を得られるようになるため

物理的

時間

活動

06 ひと目で場所と位置がわかる
ゴミ箱位置の環境設定

こんなときに……　具体物と環境とを視覚的にすり合わせたいとき

▶▶▶ 作り方　p.107

つまずきをひもとく

　何気なく使っているゴミ箱。教室の脇役的な存在でありながら，環境を管理する上ではとても重要な物です。また，「ゴミ出し係」などの役割活動にも用いることができます。気持ちよく清潔に使えるようにするためにも，ゴミ箱は用途に応じて「できて当たり前」が成立する環境を検討します。

　ある朝，燃え<u>ない</u>ゴミの係りの子どもが，ゴミ箱を持ったまま立ち止まっていました。燃えるゴミ係を先に終えた子どもが，間違って燃え<u>ない</u>ゴミ箱の位置へゴミ箱を置いてしまっていました。ゴミ箱をどこに置くのか，ゴミをどちらへ捨てるのかがわかりづらい環境だったのです。

具体的設定と変化

　ゴミ箱は，教室の出入口付近などに設置位置を固定します。人の動線を避け，白壁などの見えやすい背景を背負える場所を検討します。次に，決めた床へピッタリの大きさでビニールテープの枠を貼ります。ゴミ箱自体の色も変え，「燃える」・「燃えない」の名前を貼り付けます。また，ゴミ箱と同じ色の台紙を床に貼り，色と形で環境とマッチングできるようにします。

　環境の設定を変えると，「ゴミ出し係」の2人は，間違えたり混乱したりせず，毎日適切に役割を遂行できるようになりました。ゴミ箱自体の色を変え，見やすい位置にして明瞭に用途を分けたことで，子どもたちは正確にゴミを分別して捨て，清潔に使えるようになりました。

←出入口付近など，利便性の高い場所に設置する。注目しやすいように，背景が無地の壁など，視覚的に邪魔なものがない場所を選定する。

動線

→テープとゴミ箱の２色の組み合わせで，位置を一目瞭然に示す。

🔍大切にしたい視点

- 全員が視覚的に理解できる手がかりで示す。
- 必要以上に視覚的な手がかりをつけずシンプルに示す。
- 動線を邪魔しないデッドスペースを有効活用する。

💡 何のための構造化!?

- 色の手がかりを使い，ゴミ箱の位置を一目瞭然にするため
- 日々のルーティンとしての係活動を確実にできるようになるため

物理的
時間
活動

07 迷わずに気持ちよく収納できる
用途に合わせた段ボール棚

こんなときに ぴったり明快収納にしたいとき

▶▶▶ 作り方　p.108

📝 つまずきをひもとく

　「学級」として使う教室は，１年周期で変更になります。そして，教室移動と共に，授業や個別の配慮に用いる教材教具も移動しなければなりません。しかし，移動先の据付戸棚など備品の規格が全て同じとは限りません。

　新学期になり，最適な収納棚が見つからず，板を渡しただけの台へ複数の教材を置いていました。登校した子どもが教室に入ると，すぐに大好きな教材が視界に入り，手を伸ばして遊び出しました。次の日も同じ様子になり，スケジュール作りやトイレに行くルーティンまでも，できなくなる心配が出てきました。よって，教材を適切に収納できる環境づくりが急務です。

🌱 具体的設定と変化

　段ボールで，教材専用棚を作りました。教材１つ１つがピッタリと収まるように，段の高さや奥行き，幅などを合わせて制作します。各段には，収納すべき教材の写真をラミネートして貼っておきます。教材と写真のマッチングを手がかりに，自分の力で収納することを学習目標とする子どももいるためです。また，スチールや木製などと異なり，ぶつかったり倒れたりしても安全で，衝動性の高い子どもがいても安心して活用できます。

　教材を収納し，入口から見えないように設置しました。それまで教材へ手を出していた子どもは，登校するとすぐに朝の身支度に取りかかるようになりました。また，他の子どもも学習後に棚へ収納できるようになりました。

出入口

↑棚同士を組み合わせたエリア
「教材ライブラリー」
→出入口へ棚の背を向けた設置

大切にしたい視点

- 段ボールの無地面を用いてスタイリッシュに仕上げる。
- 頑丈に作る。
- 破れや傾きなどのほころびは、常に修繕しながら使用する。

何のための構造化!?

- 教材が不用意に子どもの視界に入らないようにするため
- 物がぴったりと収まり、混乱を招かない収納場所にするため
- 子どもが自立して「収納できる」行動をつくるため

物理的
時間
活動

08 自分の力で整理整頓ができる
所有物の居場所づくり

こんなときに…… ジグを使って日常生活を支援したいとき

▶▶▶ 作り方　p.109

つまずきをひもとく

　子どもが持参してくる，日常生活に用いる物品の管理方法は様々です。毎日持ち帰るもの，週末まで置いておくもの，必要なときだけ使うもの…。当然，どこに何があるか，どう管理するのかを具体的に示す必要があります。

　「エプロンを準備して」や「歯ブラシは持ち帰ってね」など，教師は何気ない指示を繰り返していることがあります。ASDの子どもには，音声による情報を聞いて理解するのが難しかったり，臨機応変に対応するのが得意でなかったりする場合があります。自分でやろうとしていたのに先回りされる指示の蓄積は，子どもの意欲や主体性を奪う関わりに繋がりかねません。

具体的設定と変化

　個々の子どもの能力に合わせ，カバンから出した物を用途別に分けて収納する居場所を設定します。同じ場を，多用途に用いないよう注意します。

　着替えなどの身支度に用いる物を入れるカゴを収納する場は，棚に名前をつけ，均等にビニールテープで線を引いて位置を示します。学習ファイルも，ケースを用意して記名し設置します。水筒を持参する子どもが多いため，1つ1つの形状に合わせスッポリと収納できる箱を作り，設置します。

　持参したものを分類し，居場所を明確にして整理できるようにしました。子どもは，それぞれの手がかり（写真や文字）を頼りに，用途に応じて物品を整頓できるようになり，毎日のルーティンとして定着していきました。

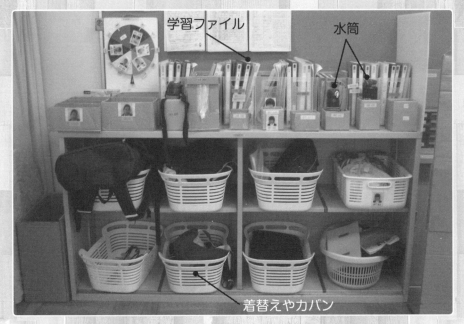

学習ファイル

水筒

着替えやカバン

視覚的な手がかりは，写真や文字，色など個々の理解に応じて設定。

大切にしたい視点

- 用途に応じて，収納場所が分類されている。
- それぞれの所有物へ，収納すべき枠組みがピッタリに設定されている。
- 個々の理解に合わせ，自分で管理できるようになっている。

💡 何のための構造化!?

- 個々の所有物の居場所を明確に示すため
- 自分で物を管理しながら生活できるようになるため

物理的 時間 活動

09 刺激が少なく安心できる

シンプルに見渡せる教室空間

こんなときに…　環境にある事物へ優先順位をつけたいとき

▶▶▶ 作り方　p.110

📝 つまずきをひもとく

　ASD の人は，情報を得る際に見ることを優先するため「視覚優位」の特性があるといわれます。教室の環境づくりでは，必要なものは見えて，不要なものは見えないようにし，視覚的な刺激を軽減する工夫が求められます。

　興味がある物へ注目すると，衝動的に行動してしまう子どもがいました。好きな教材を気が済むまで離さなかったり，ペグを折る感覚へこだわったりしていました。教室は公共の場でもあり，他の子どもが使っている教材をなくしてしまうわけにもいきません。まずは視界に入らないようにし，ルールを理解して生活の中で折り合いをつけられる環境設定を検討します。

🌱 具体的設定と変化

　教材を収納していた棚を連結し，「教材ライブラリー」と名付けてエリアを独立させ，視界に入らないようにしました。個別の配慮として導入したパーティションは，高さ120cm 前後にしました。立つと見渡せ，椅子へ座ると視界が遮られます。立っても向こうが見えない高さのパーティションは，エリアを完全に分けたい場合に用いるなど，意図を明確にして導入します。

　子どもが教室へ入ると，教材はパーティションに隠れて見えません。低いパーティションでも，気になっている棚を隠して視覚的に遮断できます。また，動線が整理されることにより，子どもは気になる物があることは知っていても，ルールとして理解し衝動的に行動することがなくなりました。

窓際に設置した「教材ライブラリー」。自立活動として取り組む子どもが出入りできるエリア。

子どもが座席に座り正面を向いた状態では，視界にほとんど物が入らないような環境設定。

🔍 大切にしたい視点

- 教室全体をシンプルに見渡せる。
- 禁止ではない方法で，子どもが納得できる環境を検討する。
- 子どもの座席から見た，よりよい環境設定を考える。

💡 何のための構造化!?

- 視覚的な刺激を軽減し，活動へ集中できるようにするため
- ルールを視覚的に理解し，安心して生活ができるようになるため

物理的　時間　活動

視覚的な安心を導く

刺激軽減☆収納術

こんなときに 環境の「面」と「線」を整理したいとき

▶▶▶ 作り方 p.111

つまずきをひもとく

子どもの日常生活を観察していると，注意散漫になって活動へ集中できなかったり次の行動に移れなかったりする様子がありました。多くの要因は，日々の体調などの個別の問題からくるものですが，案外その「きっかけ」は，環境にある刺激からの影響である場合が少なくありません。

教室は，教材・教具，個別の配慮を充実させることに比例して物が増えていきます。ASD の人の多くは，視覚優位で具体物へ注目してしまいやすい特性があります。だからこそ，目的とする活動以外の物を放置したままにして，子どもの意識が向いてしまわないように環境を整えることが大切です。

具体的設定と変化

更衣カーテンの外で，子どもが着替え終わるのを待っていると「ビリビリビリッ…」と音がします。カーテンを開けてみると，ロッカーの上にあった紙を見つけ，固執する「破る」ことへと意識が向いてしまっていました。

よって，段ボールの収納箱を作りました。商品名や数字，ロゴなどは視覚的な刺激になるため，無地面だけで制作します。また，箱の形を設備や備品の形状に合わせ，「線」や「面」がピッタリつながるような形状にします。他の教材・教具も整然と重ね，スッキリ収納を目指します。

物が視界に入らず低刺激な着替えエリアとなり，子どもは毎日のルーティンである「自立した」着替えを達成できる日常へと戻りました。

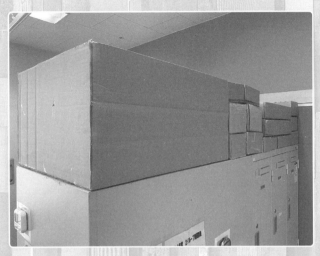

←隣り合う設備・備品とピッタリに箱を作り，「線」や「面」を合わせる。高所へ置く場合は，軽い物や安定した形状の物に限定し，落ちないように配慮する。（箱の底面を面ファスナーで固定する）

→更衣エリアで使う机下のデッドスペース。防災ヘルメットケース脇へ収納箱を2段で設置。

大 切にしたい視点

- お金を使わず身近にある物を用いる。
- 「スタイリッシュ」な空間づくりを目指す。
- 収納したい物や場所に合わせて収納箱をピッタリに作る。

何のための構造化⁉

- 活動には関係のない物品（視覚的な刺激）を隠蔽するため
- 注意散漫になるきっかけをつくらないため

11 自他の存在を確認できる
出退勤・役割確認表

こんなときに… 人的環境の理解を促したいとき

▶▶▶ 作り方 p.112

つまずきをひもとく

　現場実習期間になると，不安定になってしまう子どもがいました。いつもいる友達や担任が，実習先で活動するため不在になるからです。また，教師の突然の出張により，指導体制が急に変わることもしばしばです。それがキーパーソンとなる教師であった場合，日常生活に支援が必要な子どもほど影響を受けやすくなります。誰がいて誰が不在なのかを視覚的に確認し，見通しをもって生活できることは行動支援を考える際の重要な要素です。

　行動とは，環境との相互交渉によって生じます。そして，「人」も環境の一部と考え，どの子どもも理解できる方法を工夫する必要があります。

具体的設定と変化

　「出退勤・役割確認表」を作り，教室正面へ掲示しました。子どもの出欠を確認する表です。タイムカードの操作と同様に，出退勤を子どもが自ら操作する機能にしました。また，日直などの役割，部活の有無などの情報を確認する機能も組み合わせました。出退勤カードは，登校後にひっくり返すと赤枠の顔写真，下校時に返せば黒枠の「退」となる設定です。

　担任がいないことで不安定になっていた子どもへ，登下校時にカードをひっくり返す方法を教えました。また，不在者が「退」であることも教え，理解できるようになりました。すると，担任が急な出張に出る際，「退」に返して見せて教室を出ることで，不安定になることが少なくなりました。

上段は担任

退　松本　佐々木

退

実習中

退

実習中

日直

出退勤カード

入り口近くの正面へ掲示し，自他の存在
や役割を確認しながら各自で操作する。

大切にしたい視点

- 子どもが自分の力で操作して確認できる。
- 就労生活への移行支援を視野に入れたツールとして導入する。
- 全ての子どもにとって，人的環境の見通しを助けられる機能である。

何のための構造化!?

- 出席者と不在者を視覚的に確認できるため
- 模擬的な実習場面を想定して出退勤の練習をするため
- 日直や実習などの特定の活動を確認できるようにするため

物理的

時間

活動

12

「褒められる」を理解できる
頑張りコイン投入ボード

こんなときに‥‥ トークンエコノミーシステムを用いたいとき

▶▶▶ 作り方　p.113

📝 つまずきをひもとく

　トークンは代用貨幣と訳され，それがいくつか貯まったら好きな物などと交換できるためエコノミーと呼ばれます。「頑張りコイン投入ボード」は，言葉や身振りなどで褒める営みを「見える化」するためのツールです。

　言葉の理解が難しい子どもだけに，ラッキーカードをあげる方法で褒めていました。しかし，他の子どもは「なぜ自分はもらえないのか」と，とても気にかけていました。個別に異なる配慮が必要な集団では，評価の不均衡が起きがちです。公平な評価のためには，視覚的に確認できることが重要です。記憶の保持が難しい子どもにも，意欲や期待感を高める支援となり得ます。

🌱 具体的設定と変化

　コインは，全員がもらえます。身支度や個別学習，係など，1日の活動を全うできたら下校前に1枚もらえる約束にしました。教室正面へ投入ボードを掲示し，日常的に確認できます。そして，コインが全て溜まったら「ラッキーカード」がもらえるシステムに変えました。ラッキーカードは，余った紙類を貼り合わせて作り，ラミネート加工したものを用意しておきます。

　帰りの会が近づくと，子どもは「できました。コインをください」と，順番に報告に来るようになりました。言葉が難しい子どもは，コミュニケーション・ブックからコインのカードをとり，自発的に要求を伝えるようになりました。自宅で，ラッキーカードをコレクションしている子どももいます。

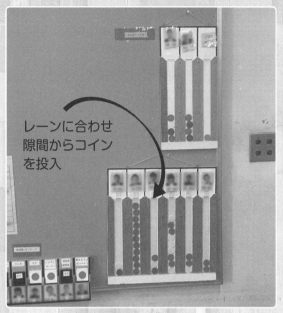

レーンに合わせ
隙間からコイン
を投入

メダルがもらえる条件
を視覚的に確認するカ
ード。頑張りを，具体
的に意識して生活でき
る。

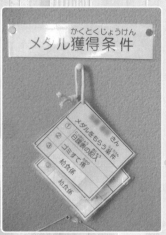

メダル獲得条件

🔍 大切にしたい視点

- 基本的にコインは毎日もらえるようにし，もらえない状況をつくら
  ない日常的な配慮をする。
- コインをもらうための自発的な「報告」を導けるようにする。
- コミュニケーションの方向を理解するための学習機会と捉える。

💡 何のための構造化!?

- 「褒められた」という評価を視覚的に示すため
- 教師のポジティブな関わりを増やすため

物理的

時間

活動

13

特性に応じた「報告」ができる
外出報告表ツール

こんなときに……… 対人関係スキルの困難さを支援したいとき

▶▶▶ 作り方　p.114

つまずきをひもとく

　身の周りのことは自立してできる力があるのに，教師へ繰り返し確認しなければ行動に移せない子どもがいました。「トイレに行ってもいいですか？」と，何度も聞いて確認しなければ，なかなか行くことができません。

　対人関係に関する困難の要因には，相手の気持ちを読み取りづらいというつまずきがあります。過去に，求められていることを理解できず行動した結果，叱責や注意を受けてしまった失敗経験などの積み重ねが，確認行為を繰り返す行動につながったものと推測できました。具体物を，見て確認できることで安心して行動できるツールが必要だと考えました。

具体的設定と変化

　出入り口脇に「外出報告表」を設置しました。授業以外の日常生活で，外出する目的が書かれたカードを表につける設定です。教師への「対面」による報告は省略できるルールにして全員で活用します。休憩時間の主要な行き先は，トイレや係活動，図書室など，限定された目的がほとんどです。また，定まらない目的には「時間までに戻ります」カードを導入しました。

　目的カードをつけて視覚的に示すことにより，子どもの確認行為は減り，トイレや係へスムーズに向かえるようになりました。帰ってきたらポケットへカードを戻し，物理的に確認できることが子どもの安心につながりました。教師の言葉かけも減り，子どもの主体性を引き出すツールになりました。

外出時の目的カードをポケットから取って，ボードに貼る

大切にしたい視点

- 対人関係の困難さという特性に対し，定型発達の人と同じようなふるまいを求めすぎない。
- 可能なスキルで代替できるようにする。
- ツールを介し「報告」の成功体験を積み上げる。

何のための構造化!?

- 対面の場面を軽減し報告できる機会をつくるため
- 休憩時間における子どもの自立した行動を助けるため

14 対面によらずに「報告」できる
係活動確認表

こんなときに…… 対人関係スキルの困難さを支援したいとき

▶▶▶ 作り方　p.115

📝 つまずきをひもとく

　高等部では，職業教育として「ホウレンソウ」（報告・連絡・相談）を指導する場面が見られます。卒業後の円滑な地域生活には大切なことですが，対人関係の高度なスキルが要求されるため支援が不可欠だと考えています。

　「もの忘れ」が多いと思われている子どもがいました。配布物係でしたが，度々合図がなければ回収へ行かないため，できていても「行ってきたの？」と確認されることもありました。係に行く昼休みは，給食の片づけや午後の準備など，報告する対象の教師も慌ただしいときです。どのような状況やタイミングならば完了の報告ができるか，場面を整理してみました。

🌱 具体的設定と変化

　「係活動確認表」を設置し，係を完了した者から自分で札を返すだけで報告を兼ねる設定にしました。「まだ」の札を，完了したら「○」に返します。課題となる場面の目的は，係活動を忘れずに行うことであり，教師は確認さえできれば不要な言葉かけをせずにすみます。対面による緊張を伴う場面をなくし，札を返す活動だけで完了の報告を兼ねるように精選することで，行動する意欲を高められると考えました。

　設置後，子どもは毎回教室に戻ったら自身の札を返して，午後の活動へと向かっていきました。具体物を介した「報告」にすることで，苦手とされる対人場面を軽減し，忘れていると思われるような状況もなくなりました。

完了したら〇
へ札を返す

係分担表と
セットで掲示

大切にしたい視点

- 「ホウレンソウ」は対人関係の高度なスキルだと認識する。
- 対面による場面設定ばかりを前提条件にしない。
- 成功体験につながるような設定を個別にも集団にも検討する。

何のための構造化!?

- 自分の役割を視覚的に認識できるようにするため
- 係活動を完了したという報告ができるようになるため

物理的
時　間
活　動

15

自分に必要な情報へアクセスできる
教室正面黒板情報の取捨選択

こんなときに…… 視覚的な情報を精選したいとき

つまずきをひもとく

梅永雄二先生（早稲田大学教授）が，学校コンサルテーションのため来校されました。教室へ入るなり「佐々木さん，これは必要ありません」と黒板の大半を占める時間割を指差されました。そして，スケジュールは個別に設定するよう助言を受けました。特別支援学校の多くは，中学部から教科担任制となり，学力などの段階別に学習集団を分けた指導形態へ変化します。そのため，複数の時間割が存在し，全て掲示するのが慣例化していました。

ASDの人の多くは，視覚情報の取捨選択が難しい特性があるといわれます。必要な情報でないのなら，不要な視覚的刺激でしかありません。

具体的設定と変化

思い切って，黒板に掲示した集団用の時間割をなくしました。代わりに，在籍者全員の理解に合わせた個別のスケジュールを個々に作りました。また，時間割以外の朝や帰りの日常生活には，個別の指示書を作り，身支度や個別学習，係など活動量を調整しながら設定しました。黒板は，日付と給食の献立の他に帰りの会などの集合時間を掲示し，予定変更のみ板書します。

子どもたちは，個別のスケジュールや指示書を活用しながら，自立して生活できるようになりました。予定の変更がある日は，掲示物などを確認しながらスケジュールを併用する姿が見られました。視覚的な刺激の少ない教室正面は，注目すべき人や情報へアクセスしやすい環境設定になりました。

<大>切にしたい視点

- 黒板は子どもにとって必要な情報だけに精選する。
- 提示するものには優先順位をつけて取捨選択し，視覚的な刺激の統制を図る。
- 子ども自身で管理できる黒板の機能にする。

何のための構造化!?

- 個々が必要な情報や活動に注目しやすくするため
- 不要な情報や視覚的な刺激を減らし，安心できる環境にするため

物理的

時間

活動

16 必要なことへ集中できる
ニーズに応える教室掲示

こんなときに… 視覚的な情報を精選したいとき

▶▶▶ 作り方　p.116

つまずきをひもとく

　漢字検定の昇級を目指して頑張っている子どもがいました。日直当番の朝，休んだ子どもの代わりに専用ボードへ献立を板書するお願いをしました（日直が休みの人の係を代行する決まり）。しかし，朝の会になってもできていません。様子をみると，教室後方に貼られた掲示物を順番に読み進めています。献立表を探すため，全ての掲示物へ目を通している最中でした。

　ASD の人は視覚優位といわれますが，視覚が優先的に使われるのであって，見れば何でも理解できるということではありません。掲示物を精選し，子どもの理解に合わせた情報量や掲示方法に配慮する必要があります。

具体的設定と変化

　子どもに必要な情報だけを掲示します。具体的には，見通しを助けるための予定表（週予定や行事），給食の献立表や机配置図などで，拡大コピーしたりするなど在籍者の理解に合わせた方法で掲示します。また，教師用の「貼らなければならない掲示」が厄介です。子どもの日常に不要な情報は，見えない方向の壁やロッカー側面，足元の壁面などへ便宜的につけます。子どもに不要な情報は，視覚的な刺激となり活動の自立を妨げるためです。

　献立表を探していた子どもは，掲示物を精選して貼り替えると，必要な掲示をすぐに見つけられるようになりました。体育祭前の時間割変更の日でも，予定表を確認して日課帳へ変更の記入ができるようになっていました。

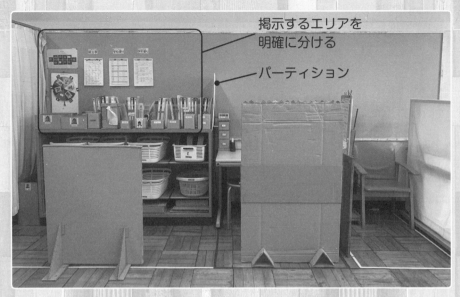

掲示するエリアを
明確に分ける

パーティション

予定関係，給食関係など，目的ごとに分類して掲示場所を決める。子どもが
日常的に使わない掲示や飾り物は，目的がすんだら外す。

大切にしたい視点

- ●子どもが日常生活で活用するものだけにする。
- ●「飾り物」でしかないのであれば学級目標や個人目標は外す。
- ●視界に入る空間全体の構成やバランスを見て掲示エリアを検討する。

何のための構造化!?

- ●子どもが必要な情報に，的確にアクセスできるようにするため
- ●壁面を整理し，不要な視覚刺激を増やさないようにするため

物理的

時間

活動

17 刺激を遮断できる
ハウス型カームダウンルーム

こんなときに… 安心基地をつくりたいとき

▶▶▶ 作り方　p.117

つまずきをひもとく

　集団生活では，雑音や人の動きなど環境からの刺激が多く，ASDの子どもにとって苦手な場面が増えてしまいます。回避するための選択肢として，気持ちを落ちつけたり，休憩したりできる安心基地が教室に必要です。

　昼休み，教室の片隅で壁に向かって過ごすようになった子どもがいました。集団がつくり出す音，様々な人の出入りなどが気になり，耳を塞ぐような様子が見られました。また，自由時間という何をしていいのかわからない時間も得意ではありませんでした。そこで，一人になれる空間が必要だと考え，切り替えができる休憩エリアとして快適空間づくりを追求しました。

具体的設定と変化

　角材を組み合わせて電話ボックスのような立方体のフレームを作り，そこへカーテンレールをつけカーテンをかけました。座り心地の良いソファーを設置すると，子どもは休憩時間に中へ入って過ごすようになりました。木枠につまずいていたため，床板を張り天井もつけて完全な個室化を図ると，子どもは安心してヘッドホンで音楽を聴きながら休憩するようになりました。刺激を遮断する設定から，余暇の活動をつくることへと繋がりました。

　時間差で他の子どもも使えるようにしたため，ホワイトボードを設置してルールを明記し，タイマーをつけて自己管理できるようにしました。快適空間ができると，子どもたちが順番に活用する休憩エリアとなっていきました。

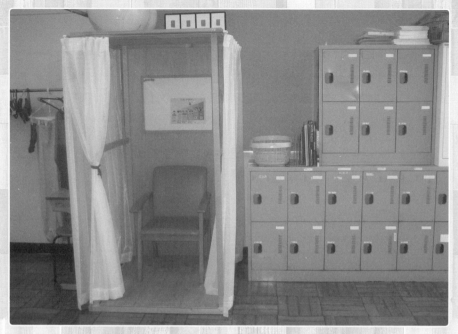

レースや遮光カーテンなどを使い分け，個別に設定変更が可能。

大切にしたい視点

- 教室にもう１つの安心できる異空間をつくる発想をもつ。
- 休憩以外の用途で個室を多目的に使わない。
- 子どもが自発的に利用し，自己管理できるような場所にする。

何のための構造化!?

- 環境からの音や視覚的な刺激から離れられる場を設定するため
- 安心できたり，気持ちを切り替えたりできる状況をつくるため

物理的
時間
活動

18

提出・持ち帰りがわかる

連絡帳 BOX・配布物入れ

こんなときに… 見てわかるように枠組みを設定したいとき

▶▶▶ 作り方　p.118

つまずきをひもとく

　新年度が始まった放課後，保護者から電話がありました。子どもが，他の友達の配布物を誤って持ち帰ってきたという連絡でした。数日後，また同じようなことが起きました。子どもが，何度も間違えてしまう背景には，わかりづらい環境が関係している場合が多いと考えます。

　登校したら提出物を出す場，自分の配布物を入れておき下校時に持ち帰る場など，1つ1つの場所を別々に設定し，確認しやすい設定が必要です。

　特に，個別の配布物や連絡帳ケースを入れる場所は，個の理解に合わせた設定と共に，公共の場として皆が確認できる機能が必要です。

具体的設定と変化

　連絡帳や配布物など，最終的に持ち帰る全ての物を入れた連絡帳ケースが，縦に収まる「連絡帳 BOX」を作ります。ピッタリと収まりつつ，持ち帰る際には，つかみやすい程度にケースがはみ出る構造にします。配布物係として仕分けする子どももいるため，個別の表示は写真の他に文字で名前を示し，全員がわかる手がかりを表示します。そして，個々の枠がわかりやすいように，色ビニールテープによる線で視覚的に明瞭化します。

　連絡帳 BOX を設置することで，配布物の誤配布や取り忘れがなくなりました。また，提出場所を別に設定したことで，提出と持ち帰りの行動を分けられ，どの子どもも混乱せずに朝と帰りの準備ができるようになりました。

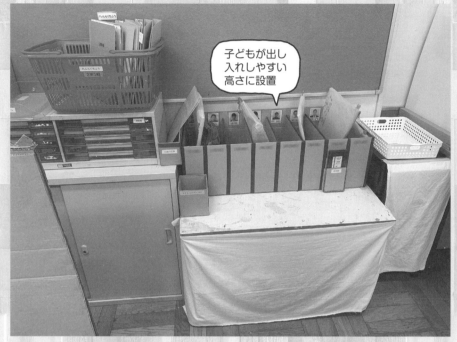

朝の連絡帳の提出は左側のカゴへ。帰りは右側の連絡帳 BOX からとる。

🔍 大切にしたい視点

- 子ども一人一人が，自分の力で物を管理できるようにする。
- あるべきものが，ピッタリと揃って収まる。
- 教師にとっても確認しやすい環境設定である。

💡 何のための構造化!?

- 子どもが自分の力で管理したり配布物係を遂行できたりするため
- 配布物の配布ミスや取り間違いをなくすため

19

見ただけで教室の場所と意味がわかる
教室表示板

こんなときに… 各教室へピクトサインを設置したいとき

▶▶▶ 作り方　p.119

📝 つまずきをひもとく

「私ですらわかりづらいと感じたから，子どもたちはもっとわからない」

　新しい校長先生が赴任し，教室表示を新たに検討するように要請されました。長年勤務してきた筆者には気づかない視点でした。

　特別支援学校の入学希望者の増加に伴い，慢性的な教室不足の問題は全国共通の教育課題といえます。入学者数の増減により，毎年激変する教室配置にばかり意識が向き，どこに何があるのか視覚的にわかりやすい学校環境をつくるという視点が疎かになっていました。各教室へ，見て理解できるシンボルを表示すれば，多くの子どもの自立した日常生活が広がるはずです。

🌱 具体的設定と変化

　「ピクトサイン」は，基礎的環境整備として検討します。公共性が求められる他に，学校の特色や校舎の構造など，様々な要素から企画する必要があります。特に，色は視覚的な理解を促す重要な要素です。スクールカラーが青と橙と白の3色だったため，2つの学科の普通教室を青と橙に分けて構想しました。次に，色相環を元に補色で対比する色を検討し，特別教室の表示色を考えました。美術室などの特別教室を緑，職業教育関係の作業室を紫にします。また，職員室など教師のための部屋を茶色にしました。表示には，文字や数字の他にピクトグラム（絵文字）をつけます。教室表示が完成した年から，保護者アンケートに「わかりづらい」と記入されなくなりました。

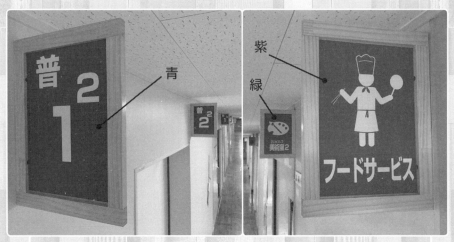

最も大きな数字が学級，ついで学年，学科名の順でデザインする。特別教室
は，ピクトグラムと教室名で示す（教師用の部屋は目立たないデザイン）。
各教室の前方の出入口を基本にし，天井付近へ設置する。

大 切にしたい視点

- 誰が見ても，単純明快な表示にする。
- 情報には子どもにとっての優先順位をつけてデザインを検討する（学
  級の数字が優先）。
- 見て心地よく，グラつきなく安全に設置されている。

何のための構造化!?

- 誰が見ても教室の場所をわかるようにするため
- 子どもが見て確認でき，自立して移動できるようになるため

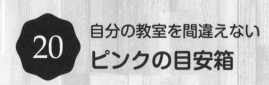

20 自分の教室を間違えない
ピンクの目安箱

こんなときに ホームルームを示すシンボルをつくりたいとき

▶▶▶ 作り方　p.120

つまずきをひもとく

　3年生に進級した新学期，校舎が変わり均質な教室配置のフロアになりました。まずは，自分の学級の場所を理解する必要があります。

　2週間経っても，近隣のクラス担任から「○○さん，来ましたよ」と誘導されて戻ってくる子どもがいました。以前は一人で戻ってこられたのに，同じような状況が継続します。昨年度は，別棟の複雑な施設で，教室はトイレの隣でした。子どもは，自分で選んだシンボルを手がかりにして，場所を理解していたのではないかと考えました。毎日の失敗経験は好ましくありません。よって，入口へ視覚的なシンボルを設置することにしました。

具体的設定と変化

　複数の普通教室が規則的に並ぶ廊下のホームルーム入り口へ，目立つピンク色に塗った「目安箱」を設置しました。視線の高さには掲示物が多いため，下方に視覚的な手がかりを示します。床の痕跡を見ると，壁から15cm程度は人が通行しないことがわかったため，入り口脇に収まる大きさに制作しました。廊下は公共の場であるため，目安箱という広く子どもの想いを受け止める機能にすることで，設置できることになりました。

　設置後，子どもは大好きなピンクを手がかりに教室へ戻るようになりました。近隣の教室から連れ戻されることもありません。また，直接相談することが苦手な子どもから，授業の感想を書いた手紙が入るようになりました。

均質な廊下に映える
ピンク色

遠方からでも一目瞭然の色や形で自分の教室の位置がわかる。

大切にしたい視点

- 自分の教室を確認できる目印の役割を果たすツールである。
- 好きな色や形，興味をもてる機能を，ツールへ取り入れる。
- 公共空間に設置する際は安全面に十分配慮する。

何のための構造化!?

- 自分の教室を一目瞭然でわかるため
- 自立した教室移動を助けるため

21

視界に入る刺激を抑える
適所に用いるシーツ布

こんなときに…… 環境にある視覚的な刺激を調整したいとき

▶▶▶ 作り方 p.121

つまずきをひもとく

　購入物品だけで，環境づくりを行うことは困難です。特に，日々の子ども
の行動を観察しながら設定する構造化は，予算計画を立て執行時期を待つよ
うな方法では対応できません。発想を即座に実行するため，日常にある物を
工夫して用い，個々の子どものせつじつさに寄り添う対応力が不可欠です。

　作業学習の教室は，多くの子どもが模擬的な実習場面を想定した個別の教
具で作業するため，物品が多くあります。様々な色や形など，興味ある物が
視界に入るたび，触りに行ったり意識が向いて離れなくなったりする子ども
がいました。物を出し入れできて，見えない状態にする必要があります。

具体的設定と変化

　廃棄予定の大量のシーツを貰い受け，保管していました。シーツは，破い
て簡単に直線的な形状を作ることができるため，様々な方法で物を覆う設定
に適した材料といえます。無地の表面は視覚的な刺激にならず，軽いため壁
や窓，棚の開口部などの様々な部分に目隠しができる最適なツールです。

　作業中，子どもが注目しやすい物がある棚へシーツをつけ，見えなくしま
した。棚の開口の上部へ固定し，カーテンをめくるようにして物品を取り出
せる機能にします。触りに行っていた子どもは，物が視界に入らなくなると
作業へ集中できるようになりました。また，集中時間が増えることで，静か
で雑音の少ない作業空間が広がり，学習集団全体も安定していきました。

布の上部のみ固定し，覆い隠す設定。

大切にしたい視点

- 買うよりも「つくる」という発想をもつ。
- 興味あるものをなくすのではなく，覆い隠す（あるけど見えない状態にする）。
- 日常にある物を使い，刺激の少ない環境づくりを追求する。

何のための構造化!?

- 視覚的な刺激を統制し，子どもの衝動性を高めないようにするため
- 不要な物品を見えなくし，目的とする作業へ向かいやすくするため

物理的

時間

活動

22

机の位置や配置を理解できる
シンプル・シンメトリーに配す机の位置表示

こんなときに 教室基準点を明確にしたいとき

▶▶▶ 作り方 p.122

つまずきをひもとく

シンメトリーとは左右対称を意味し，人間の感覚に安定感をもたらすとされ，欧米では庭園や建築様式などで採用されてきた概念です。変化に乏しく単調さなどが指摘される美意識でもありますが，刺激の少ない設定を検討する際には，利点として捉えることができます。

学級での教室掃除では，廊下に出した机を最後に全員で運び込みます。いつも，全体の配置が右に寄ったり後ろに行きすぎたりと，教師が机の位置を直さなければなりませんでした。子どもにとって，置くべき場所が不明確だったのです。子ども自身で整頓できるように位置を示す必要があります。

具体的設定と変化

机の配置は教室環境の基準点と認識し，床にビニールテープを貼って決めていきます。教室の機能は，黒板によって既に正面が決められています。その中心から，在籍者分の机をシンメトリーになるように配置します。空間全体のバランスを考え，子どもの人間関係や相性などに配慮しながら位置を決めます。また，机間の幅を測り，平等な間隔で貼ることも重要です。

床にテープを貼ると，子どもたちが掃除で机を運び込む際に，自分で正しい位置へ置けるようになりました。また，朝の会などの学級活動でも，個々がテープを見て確認し，机を揃えようとする姿が散見されるようになりました。教師が働きかけなくても，整然とした机配置の日常風景になりました。

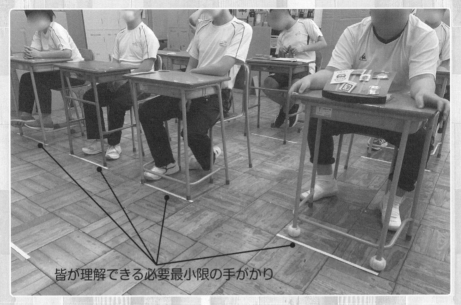

皆が理解できる必要最小限の手がかり

朝の会は全員が着席します。安定した集団は自然に日直へ注目します。

大切にしたい視点

- 目立ちすぎないように，全員が理解できる最低限の表示を心がける。
- 机にピッタリと合った幅で貼り，机の間隔などを平等に示す。
- 剥がれた綻びは，すぐに貼り替えて修正する。

何のための構造化!?

- 全員が机の位置を視覚的に確認できるようになるため
- 集団が，目他の机を適切に管理できるようになるため

23 行動障害のある友達と一緒に生活できる
学級のエリアづくり

こんなときに 個別の支援と集団マネジメントを両輪で行いたいとき

▶▶▶ 作り方　p.123

つまずきをひもとく

　教室は，個別の療育の場でも研究室でもありません。構造化は，個別の配慮を基本としますが，生活の場である学級では集団マネジメントの視点も欠かせません。環境設定は，個と集団の両輪で検討する必要があり，両方の要素がバランス良く作用し合う環境にすることが理想です。

　クラス替えをした新学期は，子ども同士のトラブルや賑やかさなどの刺激が多く，教室内が落ちつきません。特に日常生活の指導では，行動面に配慮が必要な子どもへの個別対応が必要なため，個々の実態に合わせた方法で全員が自立して活動できるように環境を整える必要があります。

具体的設定と変化

　個々へ，朝の日課で取り組む活動の指示書（6項目以下）を作りました。指示書に沿って，着替え，係活動，個別学習と段階的に進み，完了したら教師へ報告して朝の会まで休憩します。そのため，個々が自分の机を基点に，教材の場，身支度の場，個人の道具を収納する場など，類型化したエリアを移動しながら個別に活動します。また，教室正面には活動するエリアは設けません。事物が視界に入りやすく，注意を引いてしまうためです。

　朝，教師が個別対応する子どもと共に教室へ入ると，挨拶が聞こえます。挨拶を返し，一人一人の顔を見たら個別対応に戻ります。静かな教室には，指示書を見ながら個々が自立して日課をこなす風景が広がっていました。

公共性を基本に各活動エリアを設定する。エリアは多目的に用いない。

大切にしたい視点

- 個別の配慮を最優先に考えながら集団との擦り合わせをする。
- 机を起点に，目的のエリアへアクセスしやすい。
- 在籍する子どもにとって意味のある物だけを配置する。
- 出入口を管理する。

何のための構造化!?

- 個々の能力に応じて整え，全員が自立して行動できるようになるため
- 見ただけで場所の意味を理解できるようにするため

物理的

時間

活動

24 安全に管理・活用できる
ピッタリ収納箱

こんなときに…… 物に合わせて視覚的組織化をしたいとき

▶▶▶ 作り方　p.124

📋 つまずきをひもとく

　コロナ禍以降の集団生活は，除菌の徹底など衛生面への配慮が必要不可欠な日常となりました。集団感染リスクを減らすためには，対策グッズが欠かせない反面，誤飲や紛失などが起きないように安全管理が求められます。

　休憩時間になると，他学級や学年の子どもが遊びにきたり，教材を触ったりする様子がありました。不特定多数が出入りする環境にあって，教師は管理が必要な物品など「どこに何があるか」を常に把握する必要があります。コロナ禍にある環境では，様々な除菌剤を子ども自身で使えるようにしつつ，事故を未然に防止できて教師が確認しやすい設定が必要です。

🌱 具体的設定と変化

　あるべき物をあるべき場へ，明確に収納できる設定が重要です。よって，除菌スプレーやジェル，清拭用の紙などが収まる箱を作りました。教室正面の黒板粉受けの凸凹ピッタリに収まる形状で設置します。底面に，面ファスナーを貼って黒板へ固定し，必要に応じて取り外し可能な機能にしました。

　設置前は，子どもが使った後に空いた机や棚，教卓などに置かれて「使いっぱなし」のような状態でした。また，教師から片づけるようにと，毎回指示されるような関わりが増えていました。

　ジグを設置し，収納する方法を教えると，子どもは使用後に戻せるようになりました。また，教師から指示する言葉かけもなくなりました。

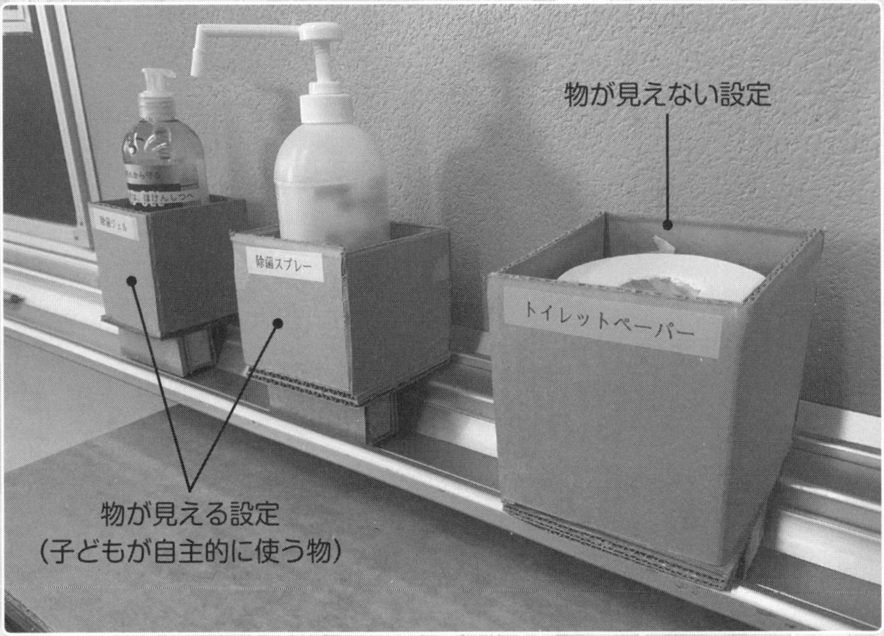

物が見えない設定

物が見える設定
（子どもが自主的に使う物）

大切にしたい視点

- 固定して安定させ，子どもが使いやすい設定にする。
- 用具の量や種類を視覚的に確認しやすくする。
- 設置する環境の形状へ，ピッタリと合わせて設置する。

何のための構造化!?

- 共有物品を子ども自身で使ったり管理したりできるようになるため
- 使ったら戻す場所を明確に示すため
- 教師が目視するだけで安全に管理できるようにするため

物理的
時間
活動

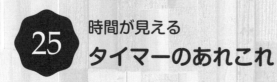

25 時間が見える
タイマーのあれこれ

こんなときに……　用途ごとに機能や種類を使い分けたいとき

つまずきをひもとく

　知的な障害が重度であるほど，子どもが「待つ」場面の多い生活になってしまってはいないでしょうか。この状況を真剣に考える必要があります。

　時計の理解が難しい子どもにとって，いつまでやって，次の活動へいつ移ることができるのかはせつじつな問題です。優先すべきは，取り組める活動を増やし，待たなければならない状態を減らすことです。しかし，時間割で進行する学校生活や行事による予定変更など，日常のあらゆる場面を完璧に計画するのには限界があります。したがって，待たなければならない場面への見通しを助けるため，視覚的な手がかりのツールは必須となります。

具体的設定と変化

　市販のタイマーを用います。電池切れの問題もあるため，ゼンマイ式も検討します。なるべく1つを多用途にせず，集団には大型，個別や目的に応じて小型にするなど分けて使います。時間の概念理解が難しい子どもへの注意点は，一度設定した時間を途中で変更したり終了前に次へ移ったりしないことです。ツールの信頼を損ねる結果になれば，支援の役割を果たせません。

　待つことが苦手で混乱してしまう子どもへ，タイマーを見てベルが鳴ったら終わりを教えました。理解できるようになると，タイマーを要求するようになったため絵カードを作りました。日常で待つ場面になると，カードで教師へ伝え，タイマーを確認しながら次の授業まで待てるようになりました。

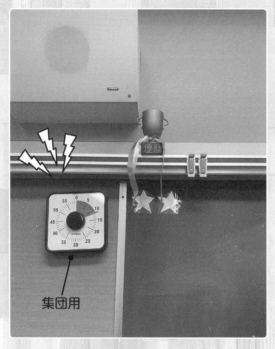

個別用

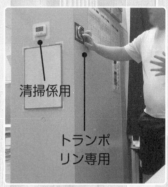

清掃係用

トランポリン専用

集団用

大切にしたい視点

- 日常生活の「待つ」場面をつくらず，活動をつくる。
- 視覚支援ツールを，安易に我慢を強いるための道具として用いない。
- 子どもの側が主体となって活用できるようにする。

何のための構造化!?

- 見えない時間を「見える化」するため
- 終わりの時間や次の活動までの見通しをもてるようになるため

物理的
時間
活動

26

日にちだけを確認できる
手作りシンプルカレンダー

こんなときに…　必要な情報だけを明快に掲示したいとき

▶▶▶ 作り方　p.125

つまずきをひもとく

　日直当番を担当する度に，黒板の日付を変える作業に時間がかかる子どもがいました。日付や曜日などは理解できているため，しっかりカレンダーを見て確認するように何度も声をかけてしまっていました。一般的な月ごとの使い捨てカレンダーには，様々な文字情報や装飾，写真や絵がつきものです。子どもの様子を観察すると，どこに注目すべきかわからず，日にちとは別の情報に注目してしまい取捨選択することに困難があるとわかりました。

　無料でもらえるカレンダーは情報過多です。配慮が整ったカレンダーは高価ですが，使い捨てになってしまいます。よって，掲示してあったカレンダーを改造し，永久に使える単純明快カレンダーを思いつきました。

具体的設定と変化

　一般的なカレンダーは，独自フォントのデザインや構成が美しいため，これを活用しない手はありません。よって，掲示したカレンダーにある，必要な日にちの数字部分だけを切り出します。また，祝祭日の赤色数字は使えないため，不足分は別の月から切り取ります。全ての数字が揃ったら，ラミネート加工後に，台紙へ面ファスナーでつけ脱着可能にします。必要な時にだけ確認できるように，掲示場所は教室後方などにします。

　日直の業務の日付変更作業に時間がかかっていた子どもは，カレンダーの情報を精選したことで，担当日をスムーズに替えられるようになりました。

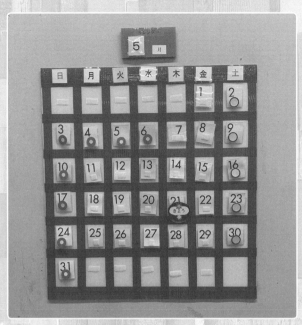

カレンダーは日にちと休日だけを確認し，それ以外の情報は予定表やお便りなどを確認します。卒業後の地域生活を視野に入れ，目的別の情報とカレンダーを照らし合わせて活用できるように教えます。

大切にしたい視点

- 単純明快に日付だけを確認できる表示にする。
- 行事などの副次的な情報は予定表や掲示物を用い，それらと連結して使えるようにする。
- 身近にあるカレンダーを有効活用する。

何のための構造化⁉

- 日にちを単純明快に確認できるようにするため
- 情報を精選することで，様々なニーズと連結できるようにするため
- 使い捨てをなくし，自立した役割活動をつくるため

物理的

時間

活動

27 色や手がかりになる
黒板の日付掲示

こんなときに‥‥‥ 日直の役割を子どもの力で遂行させたいとき

▶▶▶ 作り方　p.126

つまずきをひもとく

　学級には，多様な発達の子どもたちがいます。日直などの役割活動は，個々の能力や特性が異なるため，同じ活動内容であっても，それぞれに対応できる汎用性のある仕かけが必要です。また，教室正面の掲示物は，視覚的に不要な刺激を抑え，単純明快に示すことが原則です。

　日直当番が回ってくると，積極的に取り組む子どもがいました。言葉でのやりとりが困難で，身振りや発声などで号令かけを頑張っていました。ある日，他者の日直活動を参考に，黒板掲示の日付替えもやりたいと指差してきます。数の理解は難しくても，色や形のマッチング課題は達成できる子どもでした。既有能力で「できる」を叶える方法を検討する必要があります。

具体的設定と変化

　数字カードを，10程度の色のまとまりに分けて作りました。つかみやすいようにスチレンボードへ貼って厚みをつけ，透明フィルムでコーティングし，裏面にマグネットを貼ります。また，黒板側には数字と同じ色の枠と「月・日・曜日」の文字カードを貼り，数字をつけ替える設定にしました。

　日付替えをしたかった子どもへ，日直当番の朝の会で，上から順に当日の数字カードを渡しました。すると，黒板にある同じ色の枠へマッチングで正しくつけられました。また，収納箱を色で区切ることで，他の子どもにとっても色で確認して分類でき，適切に管理できる掲示ツールになりました。

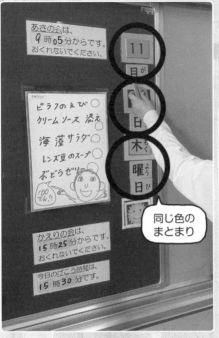

収納箱にもカードと同じ色別に枠を作る。数字順に入れ替える設定。

大切にしたい視点

- できるスキルを活用して困難なスキルを補う。
- 学級の全員が明快に理解できる機能である。
- 集団の中で役割をもち，成功体験が得られる機会をつくる。

何のための構造化!?

- 数字がわからなくても日付を変えられるようにするため
- 集団生活で役割を担えるようになるため
- 収納などの管理まで子ども自身でできるようにするため

物理的
時間
活動

28 「適度な」手洗いができる
「ノータッチタイマー」(SATO)

こんなときに……： 衛生面に配慮して時間の自己管理をさせたいとき

つまずきをひもとく

　ASD の人の中には，水に対する様々な固執行動が認められる場合があります。流水から受ける圧や水温などの感覚刺激への反応，規則性ある流動への視覚的な興味など，意識が向きすぎて行動が固着化してしまいそうになる背景には，特性が関係するかもしれないと捉えます。よって，適度な加減で終われるように，視覚的かつツールを活用した支援を検討します。

　給食時間になると，いつも水道付近が混雑していました。観察すると，3分以上も入念に手洗いを続ける子どもが順番待ちをつくっていました。自分で決めた手洗いの手順を厳密に履行するため，泡の具合や水の当たり加減に集中し，度々やり直していたのです。そして，手荒れも起こしていました。

具体的設定と変化

　コロナ禍の学校では，人との接触場面への慎重な配慮が求められています。特に，手洗いという重要場面では，他者と接触する物理的なやりとりは，特性に配慮した支援であっても厳密な対応が不可欠となります。

　「ノータッチタイマー」(SATO)を水道壁面に設置しました。手洗いに固執している子どもへ，センサーに手をかざし，ベルが鳴ったら終了を教えました。他者から指摘されなくても，視覚的に確認して25秒以内に終えられることで，自発的に活用できるようになりました。他に，普段は適当に手洗いしていた子どもも，見て時間を確認し丁寧に手洗いするようになりました。

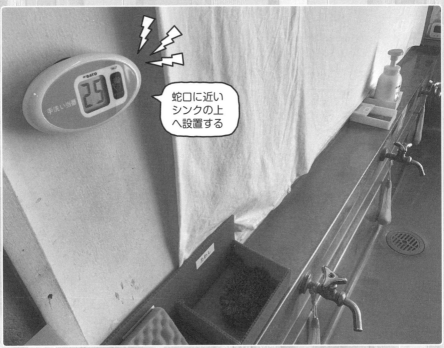

大切にしたい視点

- こだわりを尊重しつつ「終わり」を自己管理させる。
- 公共の場で求められる適度な手洗い時間を具体的に伝える。
- 活用する本人が納得し合意できている。

何のための構造化!?

- 手洗いの終わりのタイミングを示すため
- 集団生活におけるルールを視覚的に示すため
- 公共場面で適切にふるまうように練習するため

29 楽しく順番を決められる
給食配膳ルーレット

こんなときに 集団でワクワクしながら役割決めをしたいとき

▶▶▶ 作り方 p.127

つまずきをひもとく

　毎日，給食の配膳当番を欠かさずに取り組む子どもがいました。ある日の配膳中，他の子どもから給食の御膳を取り上げようとする姿がありました。子どもは，盛り付けの多い給食を取らなければ気が済まない様子で，別の日も同じ行動が続きます。本人が納得できるルールが必要だと考えました。

　一生懸命に配膳を頑張る気持ちを大切にしつつ，視覚的に納得できる方法を提案しました。ルールを決めるだけでは，守れなかった際に注意するしかありません。日直が，朝の会で給食メニューを発表するときに，「給食配膳ルーレット」を回転させて配膳する順番を決める方法で納得しました。

具体的設定と変化

　手で回転させるルーレットを作り，献立表と給食座席表の掲示の脇に設置しました。円盤内に，配膳担当生徒の顔写真カードをつけ，台座側へ配膳する友達の名前をつけます。日替わりで担当する日直が，勢いよく回して止まったところがその日の配膳対象生徒になるルールです。※

　ルーレットは，朝の会での学級の楽しみとなり，皆が期待して見守る活動になりました。給食配膳のときには，毎日変わる配膳対象者の名前を見て確認したり，声をかけ合ったりする姿が生まれました。また，ミスがあっても友達同士で声をかけ合う姿も見られました。日直を心待ちにする子どもが増え，何よりも配膳時に御膳を取り合うトラブルがなくなりました。

給食座席表

手が届きやすい位置に設置

※コロナ禍の現在は，台座側を数字に変えて御膳を取る順番決めに変更。

大切にしたい視点

- 子どもと一緒にルールを決めるプロセスを大切にする。
- 給食関係の掲示場所にまとめるなど，エリアを同じ目的で統一する。
- 楽しめる活動を介して課題とされる行動の改善を図る。

何のための構造化!?

- みんなで楽しく合意できるルールをつくるため
- 子どもが納得して役割に取り組めるようにするため

物理的

時間

活動

30 どの子も加わり決められる
ジャンケンの代替ルーレット

こんなときに　　皆で公平・公正に順番などを決めたいとき

▶▶▶ 作り方　p.128

つまずきをひもとく

　学級には，集団における役割や順番などの多様な決め事をする機会があります。そのような場面では，往々にして状況の理解が難しい子どもほど置き去りにされがちになる傾向があり，配慮が必要だと考えます。

　余暇スキルを育むため，チームで対戦するゲームに取り組んでいました。順番決めの段階から，立候補した子どもを中心に進行すると毎回同じような展開になっていきます。集団遊びの成立には，全ての子どもが主体的に参加できることが不可欠です。よって，皆が理解して自発的に参加でき，公平・公正に集団の中での役割を担える機能のツールが必要だと考えました。

具体的設定と変化

　ジャンケンなどの理解が難しい子どももいるため，代替となるルーレットを作りました。フェアな抽選にするため，精巧に作ります。手指の巧緻性に困難さがある子どももおり，どのような触れ方でも回転させられる円錐構造にしました。また，表示は色のみで，得点表を別に用意しました。

　ゲーム開始前の，対戦順を決める場面に導入しました。ルーレットで決まるため，皆が期待感をもって見守ります。普段，集団へ入れずにいた子どもが，代表で回しました。見守る側のワクワク感は，ゲーム時のチームの一体感へと発展します。公平・公正に決まったルールを視覚的に確認できることが，他者を意識して行う遊びの質を高めることへつながっていきました。

円錐部をつまみ，コマのように回転させる

順番決めは，スコア表を近くに掲示し，出た色と数字のマッチングで結果を確認する設定。スコア表の表示内容も貼り替え可能なため，子どもが楽しめる仕掛けとなる。

大切にしたい視点

- 障害の有無に関係なく，楽しく競い合えるツールである。
- 不公正な結果を招かないように精密に作る。
- すぐに触ってみたくなるような，心ときめくツールに仕上げる。

何のための構造化!?

- どのような障害のある子どもでも抽選に参加できるようになるため
- 視覚的にルールを決めて，みんなで確認できるようにするため

物理的

時　間

活　動

31

勝敗体験を通じて対人関係スキルを学ぶ
テーブルホッケー

こんなときに……
遊びを構造化したいとき

▶▶▶ 作り方　p.129

📝 つまずきをひもとく

　現場実習で高い評価を得て一般就労したものの，半年で離職してしまった卒業生がいました。対人関係のトラブルが原因で，休憩時間の過ごし方に課題が集中していました。ASD の人にとって，自由時間は「何をしていいのかわからない」時間である場合があります。就労現場を想定し，余暇時間を適切なふるまいで過ごすための具体的場面を通じた学習が必要です。

　一番になることや勝敗へこだわる子どもがいました。負けることへの拒否が強く，パニックに発展することもありました。経験的に学ぶために，ネガティブな状況ではなく，楽しく遊ぶ設定からの介入が必要だと考えました。

🌱 具体的設定と変化

　遊技場のアーケードゲームを参考に，「テーブルホッケー」を作りました。対戦型ゲームの目的は一目瞭然です。ラケットでビー玉（大）を打ち合い，相手のゴール（開口部）へ入れたら得点です。全員が視覚的に理解できるように，得点後の玉をそのままスコアボードへ入れ，5 点先取した方が勝ちとなります。対戦者カードも掲示し，勝敗をマグネットで示しました。

　勝敗にこだわる子どもは，負けると大声を出し室外へ飛び出していました。しかし，コミック会話※を用い，事前に結果が出た際の好ましいふるまいを描画で確認して練習することで，気持ちに折り合いをつけられる場面が増えました。遊びの中に課題場面を表出させ，具体的な指導ができました。

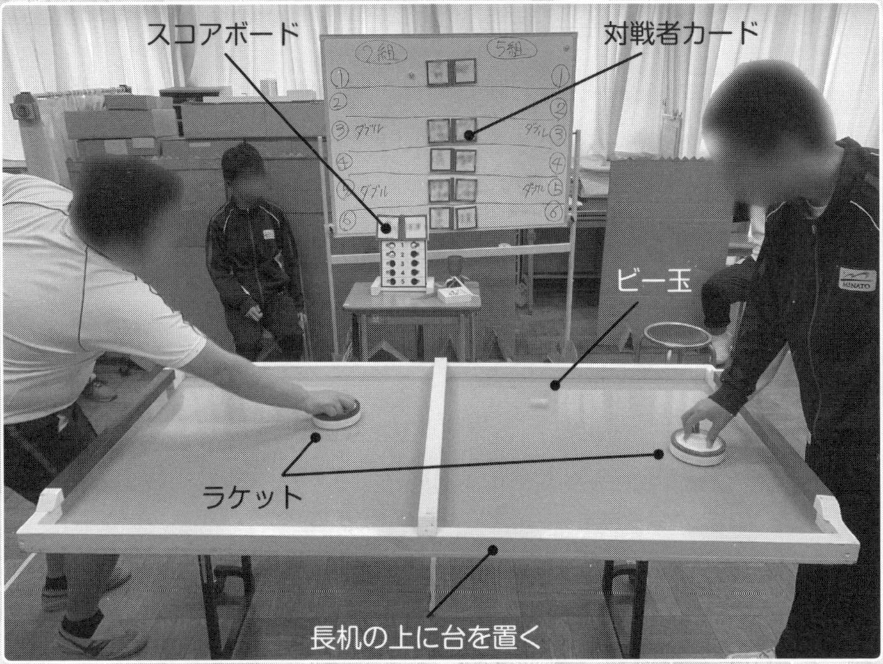

スコアボード

対戦者カード

ビー玉

ラケット

長机の上に台を置く

大切にしたい視点

- 楽しめる遊びの場面設定を通じて行動面の課題改善を図る。
- 参加者全員が見て理解できる環境設定を行う。
- 大人も子どもも本気になって楽しめる遊びである。

何のための構造化⁉

- 子ども一人一人が夢中になれる集団による遊びをつくるため
- ゲームのルールや勝敗を視覚的に理解できるようにするため
- 余暇時間の対人関係スキルを向上させるため

※キャロル・グレイ（2005）『コミック会話　自閉症など発達障害のある子どものためのコミュニケーション支援法』明石書店

物理的
時間
活動

32 人気ゲームで余暇活動を楽しむ
コインでポン！

こんなときに……　遊びを構造化したいとき

▶▶▶ 作り方　p.130

📝 つまずきをひもとく

　ショッピングモールにある遊技場を通りかかると，ヘルパーさんを伴ったASDの青年が真剣に遊んでいる姿が目に止まりました。「プッシャーゲーム」と呼ばれるコイン落としゲーム機で，内部にある押し板の動きを見ながらコインを投入し，複数のコインを押し出して獲得するゲームです。

　ASDの特性として興味の範囲が非常に狭い人がおり，余暇の活動をなかなか見つけられないような子どももいます。一方で，好きなことが見つかると，集中して根気強く取り組める強みもあります。余暇時間の過ごし方に課題がある子どものため，遊技場を参考にした遊びのツールを考えました。

🌱 具体的設定と変化

　「コインでポン！」と子どもが名付けたゲーム盤を作りました。転がりやすいコイン（カジノチップ）を投入機へ放り込んで穴を狙います。盤には，コインが縦に入る幅の穴を複数作り，４色の部屋のいずれかに入る設定です。ゲームは，一人ずつ順番に投入し，穴を狙います。外すと障害物になりますが，次にコインを投入しても乗り越えて軌道が変わる面白さもあります。

　余暇スキルの学習として，毎週１回，決まった時間に他学級と対戦をしました。休憩中，何もせず座っていることが多かった子どもは，穴を狙って「ポンッ！」と入る明快さが気に入り，率先して取り組むようになりました。その後，昼休みに「やりたいです」と伝えてきて担任を驚かせました。

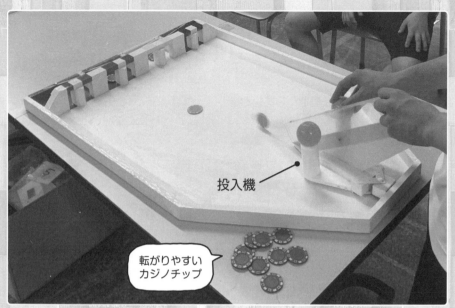

投入機

転がりやすい
カジノチップ

球体のハンドルを持ってゴールの方向を狙い，コインを投入します。

大切にしたい視点

- 巷で人気があるモノには人を惹きつける理由があると捉え，授業づくりのアイデアの参考にする。
- 意欲的に取り組める活動を通じて余暇スキルを育む。
- 子どもの「やりたい」という欲求を引き出せる題材を開発する。

何のための構造化!?

- 一目瞭然でわかるゲームをつくり，誰でも楽しめるようにするため
- 単純な行為でも様々な認知や発達段階に応した方法で遊べるようにするため

物理的

時間

活動

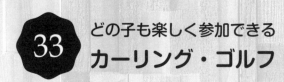

33 どの子も楽しく参加できる
カーリング・ゴルフ

こんなときに……　遊びを構造化したいとき

▶▶▶ 作り方　p.131

つまずきをひもとく

　一番にならなければ気が済まない子どもがいました。「勝つ」ことは結果が明確でわかりやすいものの，負けても他者と仲良くするというのは曖昧でわかりづらいためです。社会性の障害ともいわれる ASD の特性が関係する他に，対人関係の経験不足から発展した誤学習とも考えることができます。

　対人関係スキルを視野に，集団になる設定によって実現できる子どもを夢中にする遊びを考えました。勝敗体験を通じ，気持ちを切り替えたり課題場面でのふるまいを具体的に学んだりする経験が必要です。参加する全員が見て理解し，個人の技能差が結果に反映されすぎないゲームが求められます。

具体的設定と変化

　「カーリング・ゴルフ」というボードゲームを作りました。傾斜させた投入口からビー玉を投入し，奥にある複数の穴を狙って入れるゲームです。学級対抗のチームに分かれ，一人ずつ交互に投入していきます。穴から外れても，カーリングのように次の人がぶつければ，再度穴に入れることができます。場合によっては，相手の玉を入れてしまう偶然性も楽しみの１つです。

　「負けることを拒否する」と宣言して教室外に出た子どもは，ゲームが盛り上がる歓声を耳にすると，近寄って戻ってきました。友達が玉を渡すと，真剣に投入し始めました。チームは勝ち負けを繰り返し，最終的に総合点で勝利すると，仲間たちと共にガッツポーズで喜ぶ姿がありました。

穴

投入口には，赤い線をつけた材を
渡しました。ビー玉が下を潜った
ら軌道を見守ります。ビー玉の色
を分け，チームを明確に示します。

大切にしたい視点

- 障害があってもなくても誰でも参加できる機能にする。
- 結果が一目瞭然で理解できる。
- 楽しむ目的を追求し，対人関係スキルが伴う場面への意欲を引き出す。

💡 何のための構造化!?

- ゲームのルールや方法を視覚的に理解できるようにするため
- 個々の遊び（順番）のスタートとゴールを明確に示すため
- 個人の能力に左右されず，集団遊びを楽しめるようにするため

物理的

時間

活動

34 身近に面白スポーツを楽しめる
ハエ叩ミントン

こんなときに……　遊びを構造化したいとき

▶▶▶ 作り方　p.132

⊟ つまずきをひもとく

　中学部，高等部となるにつれ，学習集団は学力や障害の程度によって段階別で編成されていきます。特に障害が重いとされるグループは，知的な遅れの他にも，肢体不自由や心身の機能的な障害など，抱える課題は様々です。

　卓球やテニス，バレーボール…。「球」の打ち合いは楽しく，巷で人気のスポーツです。なぜ，重度の子どもには難しいのでしょうか。ルールの理解，動く球を見る，打つ技能，…これら様々な課題を構造化によって軽減できれば，きっと多くの人たちと同じように楽しめる状況をつくれるはずです。その機会を通じ，集団におけるふるまいを経験的に学ばせたいと考えました。

具体的設定と変化

　教室天井のちょうど半分に分けられる位置に，カーテンレールがありました。学校の教室不足問題を解消するために設置されたもので，カーテンで2室に分けるための設備です。レールには，カーテンを掛ける金具「ランナー」があり，抜群の滑りです。このランナーへ糸をつけ，目線の高さにスポンジボールを結んで打ち合えば，バトミントンができるのではないかと考えました。ラケットは「ハエ叩き」で，ネットはパーティションを代用します。

　学級対抗で，順に個人戦をします。球が糸で吊ってあり，打ち損じても何度も相手エリアを狙えます。タイマーを30秒でセットし，そのときに打ち込んでいた方が勝ちです。重度の子どもも一緒にできる遊びが成立しました。

天井のカーテンレール

糸がついた
スポンジボール

パーティション

切にしたい視点

- 固定観念にとらわれず，障害が重くてもできる方法を考える。
- その環境にあるものを工夫して利用する。
- 子どもたちと一緒になって，教師も本気で楽しむ。

何のための構造化!?

- 重度の障害がある子どもでも参加でき，集団で遊べるようにするため
- 楽しむことを介して，他者と多様な関わりの機会をつくるため

物理的

時間

活動

数の理解がなくても楽しめる

色すごろく

こんなときに‥‥ 遊びを構造化したいとき

▶▶▶ 作り方　p.133

つまずきをひもとく

　集団生活にあって，ASD の人なりのソーシャルスキルを身につけること は必須だと考えています。他者を意識した「ふるまい」は，そのまま卒業後 の就労を含む地域生活の質へと直結するからです。

　数の理解が困難な子どもがいました。集団ゲームの場面になると，周囲の 状況を見て輪に加わりますが，順番や数を介した遊びへの参加は困難でした。 また，他者へ委ねることが常態化し，チームの役割を担えない様子がありま した。集団にとっても，多様な力の構成員を意識した活動は重要な学習機会 となるはずです。個々の認知や技能に依らず，どんな人でも楽しみを共有で きる，偶然性を利用した集団ゲームを開発しなければと考えました。

具体的設定と変化

　ルーレット（㉚）を活用した「色すごろく」を作りました。制作したも のは色カードのみで，裏面にマグネットを貼ります。準備は，色カード※を 子どもに渡し，黒板へ組み合わせを変えて順に貼り並べた「すごろく板」を 作ることから始めます。ゲームでは，チームに分かれて一人ずつ順番にルー レットを回します。出た色のところまで駒を進めて，ゴールを目指します。

　数の理解が難しかった子どもも，ルーレットで出た色とすごろく板の色を マッチングさせ，駒を進めることができました。また，チームはその子ども のルーレットを見守り，結果に一喜一憂する全員参加型ゲームとなりました。

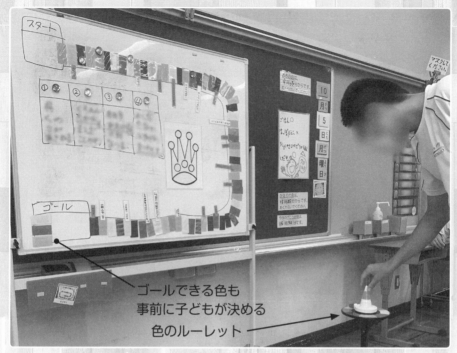

ゴールできる色も
事前に子どもが決める

色のルーレット

※ルーレットに合わせた8色のすごろく。6色になるサイコロでも可。

大切にしたい視点

- 全員がそれぞれの与えられた役割を担える。
- 子ども自身でゲームの環境をつくれる。
- 大人も一緒になって楽しめる。

何のための構造化!?

- 数字の理解がなくても集団の遊びへ参加できるようにするため
- 色のマッチングだけですごろくができるようになるため
- 個々の能力差がゲームの結果に直接影響を与えないようにするため

物理的

時間

活動

36 空白時間に目的をもって活動できる
子どもを褒める機会づくり

こんなときに……　活動をつくり，行動を創造したいとき

▶▶▶ 作り方　p.134

📝 つまずきをひもとく

　昨今の教育現場は，子どもの行動問題や指導上の難解さに直面すると，その背景や原因を探ろうとするよりも，手っ取り早く How to による解決を求めてしまいがちです。しかし，そのような教師のふるまい自体を見直す必要があるかもしれません。子どもは，信頼に値する人かどうかを見ています。

　個の特性理解に基づく構造化の設定は，ASD の人の学習スタイルに合わせた方法を用います。それら手立てを有効にするためにも，まず個々の子どもが意欲をもって取り組める「活動をつくる」必要があります。活動とは，信用と信頼をつくるための機会であり，行動を創造することに他なりません。

🌱 具体的設定と変化

　保護者に聞いても，好きなことや余暇の活動は「ない」という子どもがいました。日常の活動以外で，自発的に行動する様子は見られず，特に昼休みは座って過ごすだけでした。よって，ベランダの植木の「水やり係」をお願いしました。視覚的に理解できるように支援を整えると，ジョウロの管理までできました。毎日，教師から感謝を伝えられる機会を１つ増やせました。

　支援者の手を使い（クレーン現象）糊付さえできれば，造形活動に取り組める子どもがいました。穴あけパンチで作った紙粒を，集中して貼るのが楽しみになりました。よって，やりたいときはカードで伝えたり，実習に持参して休憩時間に取り組んだりと，コミュニケーションの機会が広がりました。

現場実習の昼食後の隙間時間に，付添いの教師と一緒に紙粒を貼る活動をする。学校で自発的に取り組めていたグッズを持ち込んで「活動をつくる」。

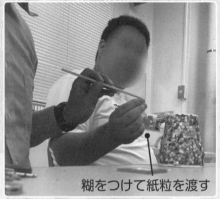

糊をつけて紙粒を渡す

大切にしたい視点

- 子どもを「褒める」ための活動や行動をつくる。
- 「好き」が見つけられない子どもには，具体的な役割を提案しながら見つけていく（やりながら考える）。
- 何もしない代わりに何かをするという発想をもつ。

何のための構造化!?

- 子どものせつじつさに応えられるようにするため
- 活動をつくることで，好ましい行動をデザインすることができるため

物理的

時間

活動

第3章

支援ツールの作り方

段ボールのパーティション

制作難易度 ★★★☆

❶ 必要な形状を作れるサイズの段ボールを用意する（大体3倍程度の面積分の量を確保する）。「基礎段ボール」（準備編 p. 6）を作る。

❷ 段ボールの板目が縦になるように「板面（パーティション部）」を作る（板目を横にすると，折れて自立できなくなるので注意する）。

❸ 板面を切り出した残りの段ボール（端材）で「脚」を作る。端材の大きさを生かし，2：1（縦：横）程度のサイズで10枚切り出す。

❹ 脚となる三角柱（板面を差し込む隙間を1cmあける）を作る。木工用ボンドで接着し，セロハンテープで仮止めして組み立てる。

❺ 乾燥した三角柱の隙間（下写真）へ木工用ボンドをつけ，板面を差し込む。楔として，余った端材へ木工用ボンドをつけて差し込む。

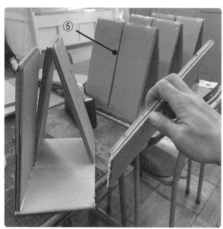

⑤

板面

楔がわりの端材

板目は全て縦に用いる。横で使うと，使ううちに歪んだり折れたりして壊れる。
最後は傾きを調整して楔を打つ。

スポンジ・タワシ収納

制作難易度 ★☆☆☆

❶プラダンを用意し，板目を縦側にしてスポンジなどと同じ高さと幅で切り出す（水分が流れ落ちるようにするため）。

❷スポンジなどの物品の形状よりひと回り大きいサイズに構造を決める。

❸部材が揃ったら，グルーガンで接着する（十分に加熱する）。

❹端材を用い，底部に補強材をつける※。

❺流しの設置位置を決め，両面テープで壁に接着して固定する。

❻テプラで，物品の名前を貼り付ける。

❼定期的に容器や周辺を洗う。

※水分がたまらない構造になるように注意する。

構造を補強するために
端材を底部につける。

掃除道具が帰る場所表示

制作難易度 ★☆☆☆

❶掃除箱の中を綺麗に清掃する。部品などの欠損は補充して整える。

❷用具の形状や用途ごとに分類し，位置を決める。

❸フックなど，可動する部品類は全てテープなどで固定する。

❹写真などの視覚的な手がかりをラミネート加工し，両面テープで貼る。収納に工夫が必要な用具の手がかりは写真などで具体的に大きく示す。

❺テプラで用具の名前をつくり，貼る。

❻細かい物品は，カゴなどの入れる枠を使って組織化する。

❼掃除の様子を観察し，よりわかりやすく収納できるように再構造化を繰り返す。

↑可動式のフックはテープで固定し，等間隔で掛けやすくする。
→ちりとりなどの形状により，収納の工夫が必要となる用具は，大きな写真の指示書で示す。

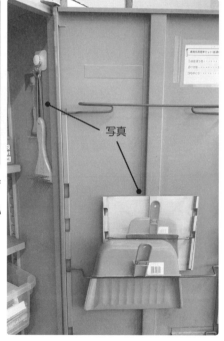

ゴミ箱位置の環境設定

制作難易度 ★☆☆☆

❶動線にかからないデッドスペースを探す。

❷ゴミ箱についた使わないラベル類を全て剥がし，綺麗に洗う。

❸シンボルとなるビニールテープの色を決めて貼る。補色対比など明確に異なる色で分ける（文字表示もラミネート加工して貼る）。

❹ゴミ箱と同じ色の色紙を用意し，ゴミ箱の直径と同じサイズに切る。汚れ防止のため，ラミネート加工する。

❺④の裏面の4辺の縁へ両面テープを貼る（掃除などで細かいゴミが入り込むため，縁のギリギリに両面テープを貼る）。

❻決めた場所の床に接着する。ラミネートの縁に合わせて，ゴミ箱のシンボルと同じ色のビニールテープを貼り，枠をつける。

床や壁の線など，環境の形状に合わせてシンプルに設定する。

用途に合わせた段ボール棚

制作難易度 ★★☆☆

❶「基礎段ボール」を，作りたい大きさの最大側面の3倍程度用意する。

❷側面と背面の3面は最も大きい基礎段ボールを用いる。背面と左右の2面（同じ幅）のサイズを決める（収納する物品に合わせて）。

❸1枚板の場合は，棚の内側へカッター刃の背でキズを入れ，背面と側面を分ける折り線をつける。3枚の板で作る場合は，断面へ木工用ボンドをつけて接着する。

❹3面にぴったり合う棚板を必要な段数分切り出す。

❺断面に木工用ボンドを塗って接着し，セロハンテープで仮止めする（折り線がある場合は，そこへ合わせて棚板を接着する※）。

❻一晩乾燥させ，仮止めのセロハンテープを剥がす。

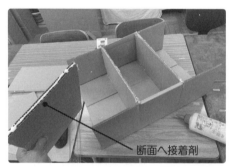

断面へ接着剤

テープで圧着

所有物の居場所づくり

制作難易度 ★★☆☆

❶収納する物の大きさを測る。

❷収納したい物の前後左右に2cm程度の余裕ができる程度の大きさにサイズを決める。基礎段ボールをカットして部材を切り出す。

❸木工用ボンドで接着し，乾くまでセロハンテープで圧着する。

❹個別と集団の両方の手がかり（写真，文字テープなど）を作る。

❺両面テープで視覚的な手がかりを収納箱に貼る。

❻収納箱が落ちたりしないように両面テープで固定し設置する。

❼所有者の名前などをつけ（必要に応じて顔写真カードなどを貼る），全員が見て理解できるように示す。

シンプルに見渡せる教室空間

制作難易度 ★★☆☆

❶ パーティション（p.104），棚（p.108）など必要なツールを用意する。

❷ 活動の属性ごとにまとめ，エリアを決定する。予定などの情報は教室正面，日常生活に用いる個々の所有物は教室後方など。

❸ 決まったエリアの床にビニールテープを貼り，パーティションなどで動線を整える。

❹ 日常で常に必要としない物品は見えないように遮蔽する（布など）。

❺ 空間全体をひと目で確認できるようにする。遮断するようなエリア設定（個別の配慮など）は，高さや材質など用途に応じて検討する。

❻ 空間で視界に入る物品は，常に精選する（刺激が過多になるため）。

❼ 子ども個々の座席へ座って空間全体を見る。

パーティションや床に線をつけるだけでエリアや動線を設定できる。

刺激軽減☆収納術

制作難易度 ★★☆☆

❶収納したい物品を決める。「基礎段ボール」を用意する。

❷収納箱を用いる場所の寸法を定規で測る。

❸基礎段ボールをカッターナイフで切り，箱の部材を作る。底面（1枚）と
  側面（4枚）。

❹切断面に木工用ボンドをつけて側面4つを接着し，セロハンテープで仮止
  めして組み立てる。

❺乾燥したら，仮止めのセロハンテープを丁寧に剥がす。

❻補強のために，開口部や接着面の隙間へ木工用ボンドをつける。

❼設置場所を決め，面ファスナーを箱と設置面へ大きく貼る。

❽物品を入れて，収納場所へ置く。面ファスナーで固定する。

切断面に木工用ボンドをつける

収納箱の開口部の切断面へ木
工用ボンドを塗っておくと強
度が高まり使いやすい。

出退勤・役割確認表

制作難易度 ★★☆☆

❶プラダンを用意する。

❷ビニールテープで（教師含む）人数分の枠を貼り，ボードを作る。

❸名前カードを作り，ラミネート加工して両面テープで接着する。

❹出退勤カードを作る。赤い台紙へ顔写真を貼り，黒い台紙へ「退」の文字
を貼る。表裏に合わせラミネート加工する。両面の上部へ面ファスナーを
貼る。ボードにも，表示位置へ面ファスナーを貼る。

❺日直や休みの表示，部活動や実習のカードを作りラミネート加工する。裏
面にマグネットをつける。

❻名札の右側にステンレスシートをラミネート加工し接着する。

❼教室の正面掲示板へ固定する（グラつきがないようにする）。

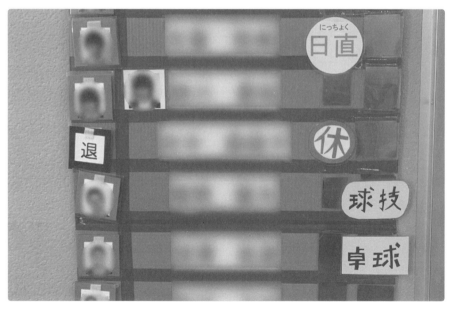

個々で操作する出退勤カードは面ファスナー，係が操作する役割カードはマグネットにし，用
途に応じてつける方法や機能を変える。

頑張りコイン投入ボード

制作難易度 ★★★☆

❶合板，ベニヤ板（2.5mm厚），アクリル板（2mm厚）を用意する。プラスチックのコインを入手する。

❷全体の大きさを決め，合板を鋸で切る。

❸レーン数を決める。ベニヤ板をカッターナイフで切り，レーンの部材を作る。合板にあてコイン直径より2mm広い幅で位置を決める。

❹レーンを木工用ボンドで接着する。

❺やすりがけして，塗装する。内部にニスを塗らない（詰まるため）。

❻アクリル板をあててサイズを決め，アクリル専用カッターで切る。アクリル板へドリルでネジ穴（ネジより太く）をあける。

❼ネジで止める。線を描き個々の枠を明確に分ける。

❽写真カードを作り，面ファスナーで取り付ける。紐で壁にかける。

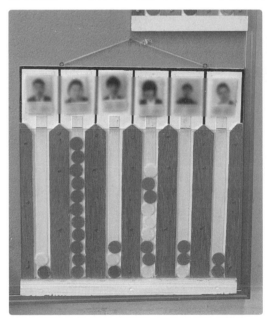

↑貯まったら1枚もらえる「ラッキーカード」。
←コインが2枚重なって入らないような隙間にする。隙間にはケント紙を貼って幅を調整する。

外出報告表ツール

制作難易度 ★★☆☆

❶プラダンとステンレスシート，色紙，マグネット，壁掛けポケット（100円ショップで購入）を用意する。

❷顔写真と名前の入った個人カードを作る。下半分を余白にする。

❸余白にステンレスシートを貼ってからラミネート加工する。

❹プラダンを切りボードを作る。両面テープで個人カードを貼る。

❺子どもの休憩中の主要な行動を基に，目的カードを作ってラミネート加工する。裏面にマグネットを貼る。

❻出入り口の壁へ，外出報告表の本体を面ファスナーで掲示する。子どもの目線よりも下方に設置する。

❼壁掛けポケットへ，目的カードの分類名をつける。外出報告表の壁と異なる壁面へ面ファスナーで設置する。目的カードを入れる。

ステンレスシート

係活動確認表

制作難易度 ★★★☆

❶ 板（15cm 幅）と角材（6mm×18mm 細材・9mm×45mm 太材）を用意する。

❷ 人数分の札が収まる長さを測り，鋸で板を切る。板と同じ長さに細材を切る。板の下辺へ細材を木工用ボンドで接着する。

❸ 細材を7cmに切り，板へ5cm間隔で札分の枠を接着する。

❹ 太材を板と同じ長さに切って細材の枠上に接着し，ポケットを作る。

❺ 太材を10cmで切り，人数分の札を作る。

❻ ヤスリがけをして，本体のポケットごとに線を引く。ニスを塗る。

❼ 札は，両面に6cmを黒，4cmを白で塗装し，ニスを塗る。黒側に「まだ」のテプラシール，白側に赤い丸の色紙を貼る（両面）。

❽ 子どもの名前や写真を正面に貼り，係名をテプラシールで貼る。

❾ 本体裏面と壁に面ファスナーを大きめに貼って壁に設置する。

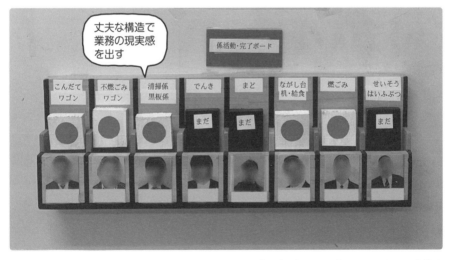

目を向けやすい場所へ設置することで，忘れていても自ら気づいて係ができる。また，木札を直接取ってひっくり返す活動で達成感を味わえる。

ニーズに応える教室掲示

制作難易度 ★☆☆☆

❶洗剤を用い，掲示板や周辺の壁面にある過去の汚れを落とす。

❷シールやテープ類は，スクレーパー（ヘラ状器具）とシール剥がし剤を用いて，確実に全て除去する（テープ類へ注目しやすいため）。

❸釘やホチキス針，画鋲などは，ペンチなどで全て除去する。

❹不要になったファイルを再利用し，掲示物専用の台紙を作る。表紙を切り落とし，綴じ具を残して壁に接着する。

❺掲示物の名称を作り，ラミネート加工して壁に貼る。

❻掲示物を取り付ける（子どもの役割活動にする）。

❼掲示物の見方を教え，うまく使えていない場合は，場所や位置，高さを変えるなどして，見やすい設定に変更する（再構造化する）。

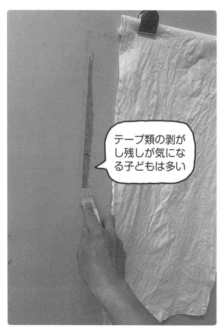

テープ類の剥がし残しが気になる子どもは多い

台紙は，子どもの目線より下につけ，縦や横の線を揃える。また，目的ごとにファイルの色を変えるなど，補助的な手がかりになるように工夫する。

ハウス型カームダウンルーム

制作難易度 ★★★★

❶安価な角材（182cm）を10本，合板（182cm×91cm）2枚を用意する。
（カット回数を減らすため，真ん中で切断するだけの制作方法[※]）

❷角材と半分の角材を組み合わせ，左右側面の長方形枠を2つ作る。

❸半分の角材のみで，天井面と床面の正方形の枠を2つ作る。

❹立方体に組み立て，背面に合板を張る。

❺半分の合板を床と天井に張る（床材は角部を加工し内側から）。

❻角材部を中心にオービタルサンダーで磨く。

❼カーテンレール及びカーテン各種（レース地など），ホワイトボードなど
の必要な物品を取り付ける。

※材の接合には木工用ボンドをつけ，木ネジなどで固定する。必要に応じて，
接合部をL字金具や△の板材で補強する。

全体サイズが教室の出入口より大きいと，外
へ運び出せなくなるため，間口を図って
から大きさを決める。余った材は，補強用に
構造の間に加えることで強度を強くできる。
ネジのはみ出し，木材のささくれなどは丁寧
に除去して仕上げる。使用ルールの内容は，
ネガティブルールにならないように注意して
表示する。

連絡帳 BOX・配布物入れ

制作難易度 ★★☆☆

❶大きい「基礎段ボール」を用意する。

❷使用予定の連絡帳ケースのサイズを測る。中身が入ったケースの前後左右に2cm程度，大きく余裕をもたせた大きさに設計する。

❸基礎段ボールをカッターナイフでカットし，各部材を作る。木工用ボンドで接着し，セロハンテープで仮止めして組み立てる。

❹子どもの理解に合わせた文字，写真などで視覚的な手がかりを作って貼る（テプラシールやラミネート加工などを施すなどして貼る）。

❺色ビニールテープの線で，それぞれの枠を分ける。

❻必要に応じて，個々の関連するツール（提出や持ち帰りのタイミングで使う物）などの物品管理も付属機能として加える。

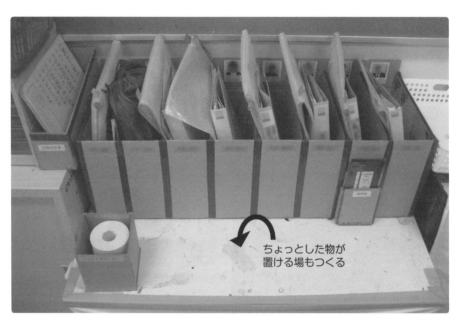

ちょっとした物が
置ける場もつくる

教師にとっても，子どもの下校時の取り忘れなどの確認が一目瞭然。

教室表示板

制作難易度 ★★★★

　教室名と教室数を調べ，教室表示板制作及び施工を業者委託する。

【業者委託できない場合】（施設管理者からの許可を得て自作する方法）

❶溝付角材とトタン板を必要量分用意する。

❷溝付角材の溝を内側にし，Ａ４サイズがはまる枠になるように切る。

❸トタン板を，枠の溝へ挿入できる大きさにけがきし，金切り鋏で切る。

❹トタン板をはめ，枠を組み立てネジでとめる。表示板の完成。

❺パソコンでピクトサインをデザインする（公共のものは版権あり）。

❻ピクトサインをラミネート加工（各２枚）し，裏にマグネット板を貼る。

❼各教室の入り口上部へ表示板を設置する（金具やアンカーを用いる）。

❽該当する教室のピクトサインを両面につけて完成。

溝付角材（溝５mm）に対し，トタンは両端の溝の和（10mm）よりも３〜４mm小さく切り出す。グラつきなく施工する。

ピンクの目安箱

制作難易度 ★★★☆

❶木材（幅15cm 程度）とベニヤ板，南京錠と掛金，蝶番を用意する。

❷木材を鋸で切り，側面2枚と上面及び底面（2枚）の材を作る。

❸上面にドリルで穴を開けて鋸で切り，目安箱の投入口を作る。

❹木工用ボンドとネジで組み立て，目安箱の構造を作る。

❺ベニヤ板をあて，背面と前面（上部と下部の扉）の材を切り出す。

❻背面と前面上部を接着し，蝶番で扉をつける。

❼オービタルサンダーを使って全体を削る。

❽アクリル絵の具で色を塗る。乾燥後，ニスを塗る。

❾掛金をつけ，南京錠をかける。

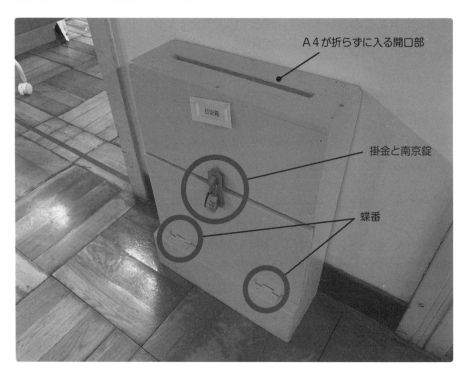

A4が折らずに入る開口部

掛金と南京錠

蝶番

適所に用いるシーツ布

制作難易度 ★☆☆☆

❶不要になったシーツなどの布を用意する。

❷隠したい場所（壁・棚など）の規格に合わせてサイズを決める。

❸折り返したり裂いたりして，ピッタリの大きさの布にする。

❹棚（木製）の上部と布の取り付け面を，ガンタッカーを用いて約10cm間隔で打ち込んでいく。

❺金槌を使って，ガンタッカー針の出っ張りを叩いて仕上げ打ちする（浮いている針を最後まで打ち込む）。

❻粘着テープを針とシーツの取り付け面に貼り，接合部を隠す。

❼全体を触って，針の突起などがないか確認する（安全への配慮）。

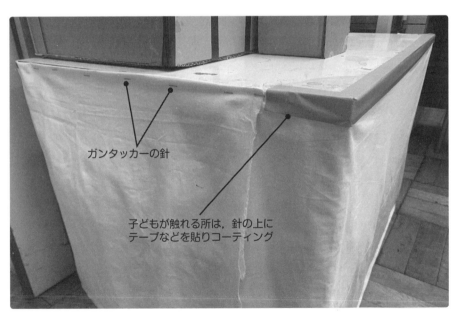

ガンタッカーの針

子どもが触れる所は，針の上に
テープなどを貼りコーティング

ガンタッカーとガムテープを使って，シーツで目隠しした取り付け面。

シンプル・シンメトリーに配す机の位置表示

制作難易度 ★☆☆☆

❶集団の中で，最も支援の必要な子どもが理解できる視覚的な手がかりを基準にし，線や枠，色などの示し方を検討する。

❷白や寒色系の色のビニールテープを用意する（赤や黄色は禁止や危険の意味で用いる）。

❸床へ，机の形状ピッタリの幅や大きさなどで貼る位置を決める。

❹接着面を雑巾で拭いてから貼る。ビニールテープは伸びるので，引っ張りすぎないようにして貼る（縮んで剥がれやすくなるため）。

❺床材によっては，目地や継ぎ目などがあるため，なるべくその線や面に沿ったり，利用したりして貼る。

❻テープの角を直角に切り，丁寧に仕上げる（隙間や剥がれなどのエラーを作らない）。

木製のフローリングの目地を基準にして，机ピッタリの形で貼る。片づける場所を明確に示すことで，子ども自身で整頓できるようにする。

学級のエリアづくり

制作難易度 ★★★☆

❶行動障害のある子どもや高度な支援が必要な子どものスケジュールの場（トランジッションエリア）と休憩エリアを最初に決める。

❷教卓（教師の配置）を，出入口付近へ設定する（出入口の管理）。

❸大まかなエリアを決め，ロッカーやアコーディオンカーテンなどの大型備品の位置を決める（耐震手続きを怠らない）。

❹水道や更衣エリアなどの決まっている場所へ，長机やハンガーかけなどの備品を配置する。

❺棚の位置や方向を決定して固定する。大きいものから収納する。

❻子どもの机を配置する。

❼どの位置からでも教室全体を見渡せるように目視で確認する。

❽各エリアの意味に合わせ，子どもの目線で物品を配置・収納する。

「M先生，まずは大物から位置を決めましょう！」

新年度へ向けた教室づくりで，物品を運び込んだだけの新教室の様子。

ピッタリ収納箱

制作難易度 ★★☆☆

❶「基礎段ボール」と木工用ボンドを用意する。

❷段ボールから材を切り出す。底面と，除菌剤容器の半分が収まる程度の高さの側面（4面）を切り，材を作る。

❸木工用ボンドを，段ボールの切断面へつけ，セロハンテープで圧着し仮止めする。乾いたら，セロハンテープを外す。

❹教師が常に視界に入れて管理しやすい場所を決める。

❺設置する場所に置いてみる。収まりが悪い場合は，凸凹などの形状に合わせ，余った段ボールを切ってピッタリになる部品を作る。

❻接着して環境にピッタリ収まる形状にする。

❼作った容器の底面と設置場所を面ファスナーを用いて固定する。

段差を補助する構造

手作りシンプルカレンダー

制作難易度 ★★☆☆

❶土日の日付が異なる，２月分のカレンダー用紙を用意する。

❷余白を多くとって数字部分を切り出し，ラミネート加工する。

❸数字カードの裏と表の両面へ，面ファスナーを貼る。

❹プラダンを用意し，数字カードに合わせて縦６×横７列の表を下書きする。下書きへプラダンと異なる色のビニールテープを貼り，線の枠をつけた台紙を作る。

❺できた台紙の１日ごとの表の枠へ面ファスナーを貼る。

❻月や曜日，休日表示などパソコンや○シールで作り，同様にラミネート加工する。

❼壁に台紙を貼って設置し，当月の日付をつける。

❽プラダンの端材などを利用し収納箱を作り，数字などを収納する。

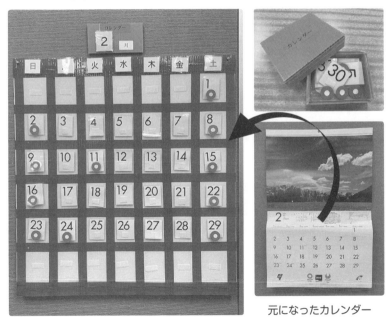

元になったカレンダー

黒板の日付掲示

制作難易度 ★★☆☆

❶教室の黒板のサイズを測る。子どもが見やすい大きさを考慮し，適度なカードのサイズを決める。

❷スチレンボード（接着面付）を57枚，カッターナイフで切り出す。

❸月・日（1～9，10～19，20～29，30～で分けて4色）・曜日の数字及び文字カードを色紙（計6色）に印刷する。

❹印刷した数字などを，切ったスチレンボードへ全て接着する。

❺透明フィルムを貼って，表面をコーティングする。

❻全ての裏面に大きく板マグネットを貼る。

❼数字カードを黒板につける手がかりとなる色枠と同じ色紙で作り，ラミネート加工する。裏面に板マグネットをつける。

（収納箱作りは「基礎段ボール」を用いた棚作り（p.108）を参照）

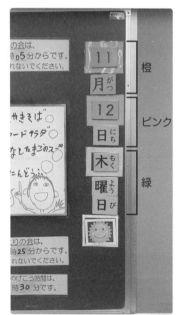

落として失敗しないように，裏面のマグネットは大きく貼り，磁力を強くする。

給食配膳ルーレット

制作難易度 ★★★☆

❶合板（厚さ15mm程度）を２枚用意する。スペーサー（金属製筒），Ｌ字型ヒートン（フック）など，可能な範囲で用意する（類似物で可）。

❷コンパスで合板へ好みの大きさの円を罫書する。中心点を残す。

❸糸鋸盤かジグソーで円盤を切る（正確に切らないと回転が偏る）。

❹円盤と台座側の板をヤスリがけする。

❺円盤の中心点から，均等に必要数の区分で下書きし，マスキングテープを貼りアクリル絵の具で彩色する。乾燥後にニス塗りする。

❻円盤の中心にドリルで穴を開けてスペーサーを入れ，台座へネジ止めする。間にワッシャーを複数枚挟む（回転をよくするため）。

❼ヒートンや洋折れなどで，円盤の縁へ回転させる持ち手をつける。

❽写真や名前カードをラミネート加工し，面ファスナーでつける。

全てのカードは，面ファスナーでつけているため，脱着が可能。出席などの状況によって，メンバーを変えられる。
また，カードを貼り替えることで，給食配膳以外の目的やゲームでも使用可能。
台座側は，名前を数字へ付け替えることで，順番を決める際のルーレットとしても活用できる。

ジャンケンの代替ルーレット

制作難易度 ★★★★

❶角材（90cm）と板（18mm 厚），円錐材，金属や木製の棚受け（棚の支柱材）8個，22mm 径のボールベアリング（玉軸受）を用意する。

❷糸鋸盤かジグソーで板から円盤2枚（大と小）を切り出す。

❸土台となる板を正方形に切る。土台の中心になる位置へ角材（柱）をネジで固定する。金属製棚受け4つで上部に円盤（大）をネジ止めして固定する。土台側へも木製棚受けをネジで固定する。

❹円盤（小）の中心へドリル刃（22mm）で穴を開け，ベアリングを挿入し接着剤で固定する。ベアリングの穴に太ネジを入れ，土台側の円盤（大）の中心へ固定する。ワッシャーの数で高さを調節する。

❺円盤（小）の中心へ円錐材を被せるように接着する。

❻彩色しニスを塗る。円盤の色は折り紙をラミネート加工して貼る。

8色の設定

どっしり安定感のある構造

テーブルホッケー

制作難易度 ★★★★

❶ツルツルで黄色い表面の「コンパネ」と角材（断面4cm×3cm）を用意する。コンパネに合わせ角材を切る。開口部と中心に角材を渡す構造にしネジ止めする。角材部を中心にやすりがけして台の構造完成。

❷ラケット：厚合板（18mm）を用意する。円を2つ切り出し1つは幅1.5cmの縁だけ残し中心部を切り抜く。切り抜いた材をさらに小さい円（持ち手）に切る。3つ材を合わせて接着し，やすりがけする。

❸台とラケットへ彩色し，ニスをかける（コンパネの表面以外）。

❹ラケットの底面に粘着剤付きフェルトを合わせて切り，接着する。

❺色で分けた対戦者カードを作る。

❻スコアボードを作る（厚材へ穴を開けて裏へ薄いベニヤを貼る）。

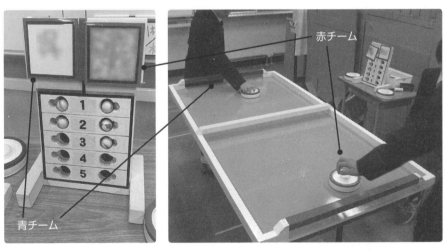

赤チーム

青チーム

ビー玉が5個ずつ入る。カードをマグネットでつけるスコアボード。

ゴールの開口部は広めに作る。ラケットは2つずつ用意し，ダブルスもできるようにする。大きいビー玉を用いる。

コインでポン！

制作難易度 ★★★★

❶アクリル板（3mm厚），角材，ベニヤ板，アクリル絵の具，コイン（カジノチップ），L字金具，その他を用意する。

❷アクリル板を切り，投入口を作る。角材とベニヤを工夫して投入機の台座を作り，投入口をつける。台座底面へ粘着剤付きフェルトを貼る。

❸ベニヤ板を90cm×50cm程度に切る。角材を鋸で切って縁をつけ，ボードを作る（投入側の使わない部分を斜めにカットする）。

❹穴を作る。2〜3cm程度の隙間をあけ，角材を接着する。穴の上部に角材を渡す（接着時は，実際にコインをあてて大きさを決める）。

❺全てに塗装してからニスを塗り，L字金具で投入機をボードへ固定する（投入機を左右に可動させられるようにするため）。

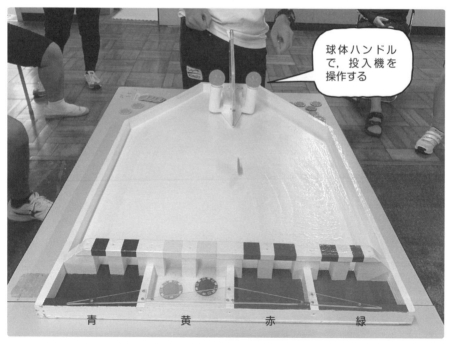

球体ハンドルで，投入機を操作する

青　　黄　　赤　　緑

カーリング・ゴルフ

制作難易度 ★★★★

❶ 2種類の合板（厚さ3cm／厚さ1cm）と角材（断面4cm×1cm），ビー玉（大）を用意する。

❷ 厚い合板を鋸で長方形（90cm×45cm）に切り，ボードの材を作る。

❸ 角材を切り，縁をつける。木工用ボンドで接着しネジ止めする。

❹ さらに角材を切り，投入口の材を両側に渡して接着する。

❺ 投入口の坂を作る。薄い合板を25cm×45cmで切る。本体に合わせ，ビー玉が通る高さの坂を確認し，本体へ接着してネジ止めする。

❻ ホールソーで，ビー玉より二回り程度大きい穴を開ける。

❼ ボード底面側から色のついた薄いプラ板などを貼る（穴を塞ぐ）。

❽ オービタルサンダーで全体を磨き，アクリル絵の具で塗装する。

❾ 乾いたら全体へニスを塗る。

ボードが水平になるように机へ設置する（結果に影響するため）。底部に滑り止めシートを挟むと安定する。投入口や穴の中，位置へ色をつけることで，始点と終点を視覚的に理解できる。

ハエ叩ミントン

制作難易度 ★☆☆☆

❶軽く柔らかいスポンジボールとハエ叩き，丈夫な糸を用意する。

❷カーテンレールにある，使われていない「ランナー」を頭上へ１つだけ出す。

❸糸をランナーへ結ぶ。ボールに穴を開け，結びつける。

❹コートの半分の位置へ，同じ高さのパーティションを並べる。

❺タイマーを30秒にセットし，鳴った段階で勝敗が決するルールにしてゲームを開始する（タイマーは見えても見えなくてもよい）。

❻打ち合いが難しい子どもへは，教師もダブルスとして参戦する（状況によっては，教師と子どもが対戦してもよい）。

❼挨拶や，勝敗がついた際の自分のふるまいの練習など，具体的な場面を通じたソーシャルスキルの学習要素も加えながら皆で楽しむ。

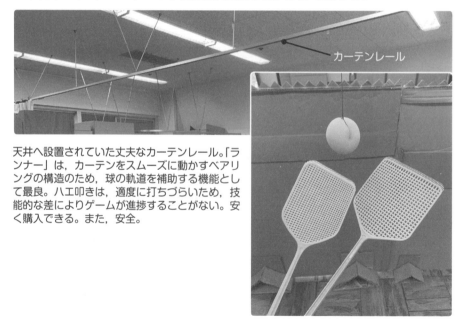

カーテンレール

天井へ設置されていた丈夫なカーテンレール。「ランナー」は，カーテンをスムーズに動かすベアリングの構造のため，球の軌道を補助する機能として最良。ハエ叩きは，適度に打ちづらいため，技能的な差によりゲームが進捗することがない。安く購入できる。また，安全。

色すごろく

制作難易度 ★☆☆☆

❶色によるルーレット（p.128）もしくは色のサイコロを作る。

❷ルーレットと同じ色紙でカード（8cm×4cm程度）を複数枚作る。

❸色カードをラミネート加工し，裏面に板マグネットを接着する。

❹駒は，強力マグネットに段ボールや色ビニールテープなどを組み合わせ，握りやすく物質感を感じられる形状に作る。

❺子どもと一緒に，ハプニングカード※（モノマネをする・ラッキーカードもらうなど）を作る。ラミネート加工しマグネットをつける。

❻ゲーム開始時に，すごろく板を子どもたちで作る。黒板へゴールまでの線を引き，順に隣合う色カードを異なる色同士でつけていく。

❼ハプニングカードとゴールできる色カードを決め，すごろく開始。

※ハプニングカードは，ネガティブな設定になりすぎないように注意する。

駒

身近にあるものを積極的に用い，ゲームの設定（ハプニングカードなど）を，子どもと一緒に作る過程を大切にする。

子どもを褒める機会づくり

制作難易度 ★★★☆

❶用いるグッズの大きさを測る。

❷写真や文字などを用い，管理するための手がかりを作る。ラミネート加工
する。

❸管理方法は，見える設定がいいのか，隠す設定がいいのかなど，子どもの
行動や特性によって検討する。

❹活動内容に応じた管理場所を決める。

❺必要に応じて，フックをつけたり段ボールなどで収納容器を作ったりする。

❻注目しやすい位置へ手がかりを貼る。

❼子どもが自分の力で管理できるような機能を工夫する。

日常にある何気ない物でも丁寧な管理と配慮を怠らない

興味・関心の高い活動には，ツールの機能を細分化させて工程を増やす

【著者紹介】

佐々木　敏幸（ささき　としゆき）
東京都立港特別支援学校　研究主任。修士（美術／教職）。青年海外協力隊（エジプト・美術）を経て現職。
〈主な著作〉
共著『美術の授業のつくりかた』（武蔵野美術大学出版局）
分担執筆『よくわかる！自閉症スペクトラムのための環境づくり』（学研プラス）
連載「広がれ！自分らしさを引き出す「おもしろ」図工・美術の授業」『特別支援教育の実践情報』2020〜2021年度（明治図書）

縄岡　好晴（なわおか　こうせい）
大妻女子大学人間関係学部人間福祉学科　助教。修士（教育学）。社会福祉士，精神保健福祉士，臨床発達心理士。千葉県発達障害者センター係長などを経て現職。
〈主な著訳書〉
共訳『発達障害の人の就労アセスメントツール：BWAP2〈日本語版マニュアル＆質問用紙〉』（合同出版）
分担執筆『これからの「共生社会」を考える 多様性を受容するインクルーシブな社会づくり』（福村出版）
分担執筆『就労支援サービス：雇用支援雇用政策』（弘文堂）

〔イラスト〕岸本祐子

自閉スペクトラム症のある子の「できる」をかなえる！
構造化のための支援ツール　集団編

2021年6月初版第1刷刊　©著　者	佐	々	木　敏	幸
2024年4月初版第4刷刊	縄		岡　好	晴
発行者	藤		原　光	政

発行所　明治図書出版株式会社
http://www.meijitosho.co.jp
（企画）佐藤智恵（校正）井草正孝
〒114-0023　東京都北区滝野川7-46-1
振替00160-5-151318　電話03(5907)6703
ご注文窓口　電話03(5907)6668

＊検印省略　　　　　　　組版所　広研印刷株式会社

本書の無断コピーは，著作権・出版権にふれます。ご注意ください。

Printed in Japan　　　　　ISBN978-4-18-358829-6

もれなくクーポンがもらえる！読者アンケートはこちらから